로컬크리에이터 1급

자격검정과정 강의교안

COLiVE 로컬크리에이터연구소

이프레스

머리말

지방의 인구감소와 청년일자리를 해결하기 위한 방안의 하나로 '로컬크리에이터(Local Creator)'가 주목받고 있습니다. 일반적으로 로컬은 '지역이 지닌 문화적 자원과 인적 자원의 잠재적인 가치'를 의미하며, 크리에이터는 '창의적인 기획자인 동시에 생산자'를 의미합니다. 즉, 지역에 혁신을 일으킬 수 있는 기업가정신(Entrepreneur)을 가진 개인이나 기업을 포괄하는 개념으로 해석할 수 있습니다.

현재 중소벤처기업부가 제시한 로컬크리에이터의 유형에는 지역가치 창출(지역문화와 혁신적인 아이디어를 융합하여 새로운 경제적·문화적 가치를 창출하는 유형), 로컬푸드(지역에서 재배 가능한 농수산물을 활용해 식품가공 및 유통하는 유형), 지역기반제조(지역에서 생산되는 소재 및 지역특색을 반영한 제조 유형), 지역특화관광(지역특화관광 서비스를 제공하는 유형), 거점브랜드(지역 내 복합문화 공간 등 지역거점 역할을 하는 거점브랜드 유형), 디지털문화체험(지역의 역사·문화를 기반으로 과학기술 및 ICT를 활용한 체험활동 유형), 자연친화활동(지역별로 특색있는 자연환경에서 진행되는 자연친화 활동 유형) 등 7가지가 있습니다.

이와 관련하여, 이번 교재는 지역의 로컬크리에이터를 체계적으로 육성하고 실질적인 도움을 주기 위해서 집필한 것입니다. 세부적인 내용을 보면 제1장은 로컬크리에이터 기본 역량, 제2장은 로컬콘텐츠 기획, 제3장은 로컬비즈니스 전략으로 구성되었으며, 각 장마다 꼭 필요한 이론적 지식과 실무적인 감각을 익힐 수 있도록 집필하였습니다.

모두가 어려운 시기에 지역에서 다양한 로컬크리에이터가 체계적으로 육성돼 지역에서 혁신을 일으키고 새로운 가치를 창출해 경제적 부가가치는 물론 청년 일자리 창출과 지역 경쟁력을 높이는 계기가 마련되기를 간절히 소망하며, 이 책이 출간될 때까지 마음을 다하여 주신 모든 분들께 깊은 감사를 전합니다.

2024. 7.

저자 일동

차례

오리엔테이션

오리엔테이션

COLiVE, 로컬크리에이터 1급 자격검정 안내

1. 로컬크리에이터 1급 자격검정 주요내용

주요영역	세부영역	
1. 로컬크리에이터 기본 역량	1-1. 로컬비즈니스	1-1-1. 로컬과 로컬크리에이터의 이해 1-1-2. 로컬비즈니스의 이해 1-1-3. 로컬크리에이터 지원 정책
	1-2. 로컬브랜드	1-2-1. 로컬브랜드의 개념 1-2-2. 로컬브랜드 동향 및 트렌드 1-2-3. 로컬브랜드 사례 탐구
2. 로컬콘텐츠 기획	2-1. 로컬콘텐츠 아이템 발굴	2-1-1. 창의와 아이디어 발상 2-1-2. 로컬콘텐츠 조사 및 시장분석법 2-1-3. 아이템 발굴 및 스토리텔링
	2-2. 로컬콘텐츠 구체화	2-2-1. 로컬콘텐츠 기획 프로세스 2-2-2. 로컬콘텐츠 홍보 및 마케팅 전략 2-2-3. 사업계획서 작성법
3. 로컬비즈니스 전략	3-1. 지식재산권	3-1-1. 지식재산권의 개념 3-1-2. 지식재산권의 유형과 범위
	3-2. 로컬비즈니스모델(LBM)	3-2-1. 비즈니스모델(BM)의 이해 3-2-2. 로컬비즈니스모델(LBM)의 개념과 구체화

2. 로컬크리에이터 자격검정 기준

등급	자격검정 기준	검정과목	합격 기준	시험형태 / 문항수	배점 기준	시험 시간
1급	전문가 수준의 지역자원 활용능력을 가지고 있으며, 지역자원 발굴, 비즈니스모델 발굴 능력 및 로컬크리에이팅의 책임자로서 업무를 수행할 수 있는 능력 보유	로컬크리에이터 기본 역량 로컬콘텐츠 기획 로컬비즈니스 전략	총점 60점 이상	4지 선다형 객관식 필기시험, 단답형 필기시험 객관식 40문항, 단답형 10문항	1문항 2점, 100점 만점	50분
2급	준전문가 수준의 지역자원 활용 능력을 가지고 있으며, 지역의 기본역량 강화 및 지역자원 조사 업무를 수행할 수 있는 능력 보유	로컬과 로컬크리에이터의 이해 지역자원 아이템 탐색 및 구체화 지역자원 조사방법	총점 60점 이상	4지 선다형 객관식 필기시험 50문항	1문항 2점, 100점 만점	50분

3. 추진목적

- 지역특성과 지역자원을 이해하고 지역문화의 잠재적 가치를 새롭게 발굴하는 인재 양성
- 지역균형발전 차원의 로컬크리에이터 전문가 양성
- 지역과 문화적 가치를 창의적 발상으로 전환할 수 있는 로컬크리에이터 양성
- 지역특화산업의 경쟁력 강화를 위한 전문가 양성

4. 기대효과

- 전문대학의 지역정체성 확보
- 지역특성 및 지역자원에 대한 이해를 바탕으로 지역가치를 재창조하는 활동가의 역할과 지역활성화 아이템 개발, 지역 관련 사업계획 및 홍보 등 지역을 기반으로 한 실천가로서의 중추적 역할을 수행

쉬어가는 페이지 (1)

파리가 하루에 100km를 갈 수 있을까?

쉬어가는 페이지 (2)

타잔이 앞으로 나가는 방법은?

쉬어가는 페이지 (3)

[생각해 보기]

핵심 용어 (1)

1. 로컬(Local)

- 지역이 지닌 문화적 자원과 인적 자원의 잠재적인 가치
- 독자적인 문화를 생성하는 가장 작은 단위의 생활권 또는 그 생활권의 차별적인 문화

2. 로컬크리에이터(Local Creator)

- 지역자원을 새롭게 해석해 새로운 가치를 창출하는 창작자 또는 기업

3. 로컬비즈니스(Local Business)

- 주요 타깃시장으로 자신이 활동하는 지역 시장을 삼는 비즈니스

4. 로컬브랜드(Local Brand)

- 전국적인 평판을 얻은 지역 기반 브랜드
- 지역자원과 특색으로 차별화된 지역 기반 브랜드

핵심 용어 (2)

5. 로컬콘텐츠(Local Content)

- 지역자원을 라이프스타일 변화에 맞게 재해석해 만들어진 건축, 공간, 디자인, 스토리, 가치, 커뮤니티 활동, 거리, 상품, 식음료 등 다양한 유형 및 무형의 콘텐츠

6. 로컬브랜딩(Local Branding)

- 특정지역이나 커뮤니티에 초점을 맞춘 브랜드 전략으로 지역적 특성, 문화, 가치, 전통을 강조하여 특정지역에 속한 소비자들과 강력한 네트워크를 구축하고 이를 통해 지역민들의 특성과 필요에 맞춘 맞춤형 마케팅 전략을 사용하는 사업
- 로컬콘텐츠를 통해 차별화된 정주여건과 지속가능한 로컬비즈니스 생태계를 구축하는 전략적인 사업 (행정안전부 로컬브랜딩 사업)

※ 출처: 모종린, 골목길 경제학자, https://brunch.co.kr/@riglobalization/679

Chapter 01

로컬크리에이터 기본 역량

제1장 로컬크리에이터 기본 역량

1. 로컬비즈니스
2. 로컬브랜드

1-1 로컬비즈니스

로컬의 이해

1. 지역, 지방, 로컬의 개념

지역

지방

로컬

- 광역자치단체
- 기초자치단체(특례시, 대도시)

- 수도권 제외

2. 지방소멸대응기금 지원 (107곳)

지방소멸 대응기금 (연 1조)	기초계정 (75%, 7,500억)	**인구감소지역 89개** (95%, 7,125억)	▶ 투자계획을 **평가하여** 차등 배분 ⇨ **성과 지향적 운용**
		관심지역 18개 (5%, 375억)	
	광역계정 (25%, 2,500억)	**인구감소지수 등을 고려·배분** (90%, 2,250억)	▶ 산식에 따라 **정액 배분** ⇨ **지역 여건을 반영하여 운용**
		재정자립, 인구밀도 등을 고려·배분 (10%, 250억)	

3. 인구감소지역 지정 현황 (89곳)

부산(3)	동구 서구 영도구
대구(3)	남구 서구 군위군
인천(2)	강화군 옹진군
경기(2)	가평군 연천군
강원(12)	고성군 삼척시 양구군 양양군 영월군 정선군 철원군 태백시 평창군 홍천군 화천군 횡성군
충북(6)	괴산군 단양군 보은군 영동군 옥천군 제천시
충남(9)	공주시 금산군 논산시 보령시 부여군 서천군 예산군 청양군 태안군
전북(10)	고창군 김제시 남원시 무주군 부안군 순창군 임실군 장수군 정읍시 진안군
전남(16)	강진군 고흥군 곡성군 구례군 담양군 보성군 신안군 영광군 영암군 완도군 장성군 장흥군 진도군 함평군 해남군 화순군
경북(15)	고령군 문경시 봉화군 상주시 성주군 안동시 영덕군 영양군 영주시 영천시 울릉군 울진군 의성군 청도군 청송군
경남(11)	거창군 고성군 남해군 밀양시 산청군 의령군 창녕군 하동군 함안군 함양군 합천군

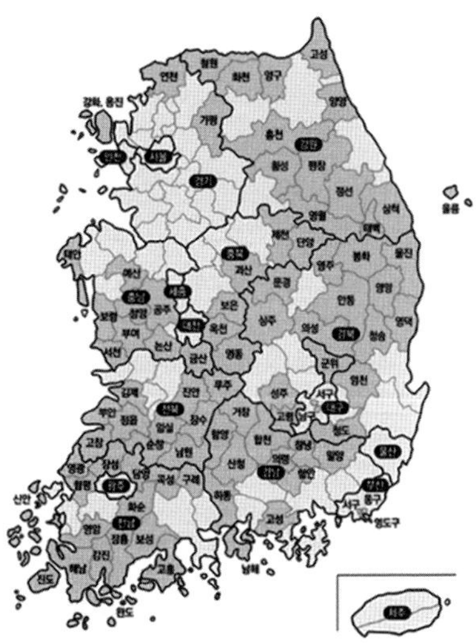

4. 지방소멸 관심지역 (18곳)

시도	시군구
부산	금정구, 중구
인천	동구
광주	동구
대전	동구, 중구, 대덕구
경기	동두천시, 포천시
강원	강릉시, 동해시, 속초시, 인제군
전북	익산시
경북	경주시, 김천시
경남	사천시, 통영시

5. 로컬의 의미 (1)

- 전통적인 지역의 개념은 지리적 기준이나 행정적 기준으로 구분한 공간
- 지역이라는 용어는 '지역' 외에도 '지역공동체, 지역사회, 커뮤니티' 등 다양한 용어들을 혼용해서 사용하는데, 이때 시용하는 지역의 의미는 다른 지역과 구별될 수 있는 사회적으로 동질성을 지닌 독립적인 지역으로 보는 것임
- 최근의 로컬의 개념은 지리적 지역성에서 벗어나 사회적, 문화적 이해를 공유하는 사회적 지역성을 강조하고 있음

5. 로컬의 의미 (2)

장소 (Place)	잠재적 가치 (Resource)
· 물리적인 공간(장소)를 의미	· 지역이 지닌 문화적 자원과 인적 자원의 잠재적인 가치

5. 로컬의 의미 (3)

의미 1	의미 2
현지 (사물이 현재 있는 곳)	대도시에 비해 상대적으로 주목받지 못한 지방과 변두리

사용 예

- 로컬맛집 : 현지맛집
- 로컬방송국 : 중앙방송국의 상대적인 개념
- 로컬병원 : 동네병원

6. 글로컬의 의미

글로컬 = 글로벌 + 로컬

7. 글로컬의 예시

인간문화재 故 박동진 판소리 명인 광고

'우리의 것이 좋은 것이여!'

우리만의 문화로 알고 있던 판소리에 세계인이 관심을 갖기 시작하고,

그 예술성을 높게 평가한데서 시작한 광고

8. 지역자원, 지역특화자원의 개념

지역자원 | 로컬자원 | 지역특화자원 | 향토자원

· 향토성

9. 지역자원의 유형

주제	자원형태	지역자원의 예	
자연생태	유형	식물원, 산림자원, 하천자원, 공원, 천문, 탐조, 동물원, 생태공원, 풍수지리, 계절별 매력 장소	
산업경제	유형	놀이시설	테마파크, 복합문화공간
		상업시설	아름다운 건물, 대형서점, 대형음반매장
		전시시설	전시장
		공연시설	멀티플렉스 영화관
역사전통	유·무형	전통놀이, 전통생활용품, 전통음식, 전통의복, 전통건축, 전통음악, 전통무용, 전통마을, 전통문학, 지명, 세시풍속, 역사적 인물, 역사적 배경, 학당, 전통문화체험프로그램	
문화예술	무형	공연	클래식, 국악, 뮤지컬, 콘서트, 넌버벌퍼포먼스, 전통무용, 현대무용, 대중무용, 연극
		영화	대중영화 및 예술영화
		전시	미술, 사진, 조작, 조형, 미디어아트, 만화, 애니메이션
		도서·문자	도서 및 문자
		벽화	벽화, 그래피티, 낙서
생활문화	무형	먹거리, 살거리, 놀거리, 즐길거리, 쉴거리, 잘거리	

출처 : 김수은(2019). 지역브랜딩을 위한 지역자원 유형화에 관한 연구

로컬크리에이터의 이해

1. 도시정책 패러다임의 변화

성장사회의 도시정책

물질, 효율, 기능, 속도
하드웨어 중심

공급자(행정, 전문가) 중심

»

성숙사회의 도시정책

사람, 건강, 일상, 공존
소프트웨어 중심

수요자(시민) 중심

2. 로컬크리에이터의 필요성

라이프스타일의 가치 다원화	행복한 삶에 대한 다양한 생각과 물질적인 풍요보다는 자신에게 의미있는 삶에 대한 추구, 자발적이고 창의적인 소상공인
지역의 가치 재인식	대도시화, 광역화보다는 소도시, 작은 골목, 친근한 동네를 만들어가며 지역의 가치를 재인식하는 흐름
지방소멸대응	중앙정부와 지자체의 노력에도 불구하고 지방소멸, 공동화에 대한 개선이 어려움. 대규모 산업 중심의 변화보다는 접근성과 다양성이 확보되는 로컬크리에이터 지원 강화 정책

3. 로컬크리에이터란?

- 로컬(Local) + 크리에이터(Creator)의 합성어
- 로컬은 '지역이 지닌 문화적 자원과 인적 자원의 잠재적인 가치'를 뜻하며, 크리에이터는 '창의적인 기획자인 동시에 생산자'를 의미함
- 지역에 혁신을 일으킬 수 있는 기업가정신(Entrepreneur)을 가진 개인이나 기업을 포괄하는 개념으로 해석할 수 있음
- 지역의 문화적 특성이나 자원 등에 혁신적인 아이디어를 접목하여 지역문제를 해결하거나 새로운 경제적 가치를 창출하는 자

3. 로컬크리에이터란? (김혁주, 2020)

- 로컬 문화와 가치를 창조하는 크리에이터
- 지역성과 결합된 자신만의 콘텐츠로 가치를 창출하려는 움직임의 주체
- 지역자원과 문화적 특성을 기반으로 지역의 가치를 재창출하는 자로 창업을 통한 경제적 가치를 추구함
- 골목상권 등 지역 시장에서 지역 자원, 문화, 커뮤니티를 연결해 새로운 가치를 창출하는 창의적 소상공인

- 31 -

3. 로컬크리에이터 (종합)

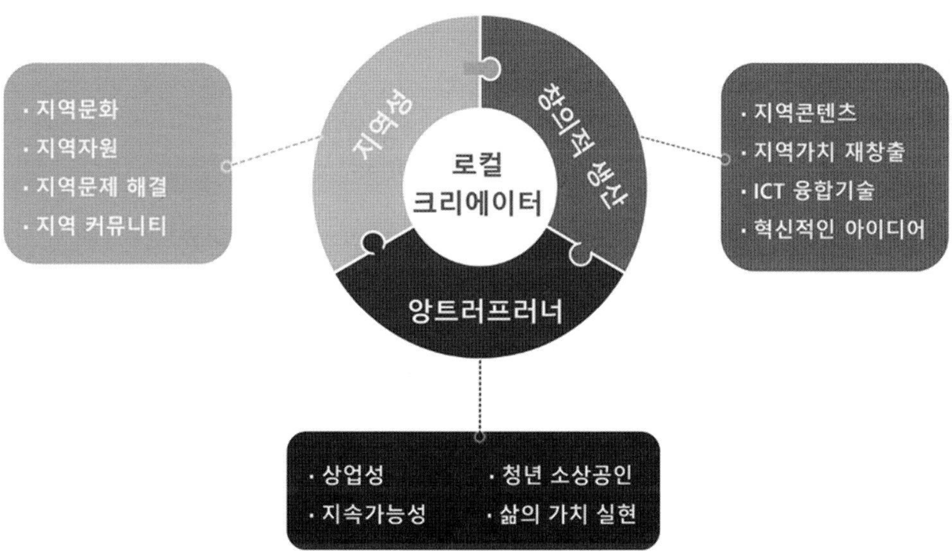

- 32 -

[도움사이트] 비로컬 (belocal.co)

4. 로컬크리에이터의 정의와 특징 (중소벤처기업부)

① 지역의 자원과 특성을 기반으로 하는 자

- 지역의 유·무형자원(역사전통, 문화예술, 자연생태, 생활문화, 지역특산물 등)을 기반으로 창의적인 아이디어를 제시하고 문제를 해결하는 자

② 혁신적인 아이디어를 접목하여 창업하는 자

- 지역의 자원과 특성을 활용하여 혁신적인 비즈니스모델 수립을 통해 중소기업 창업 지원법 상 창업을 이행하는 자

③ 지역경제 활성화를 도모하는 자

- 로컬크리에이터는 지역 내 자원과 특성을 활용하는 속성을 지닌 만큼, 지역 내 고용창출, 관광객 유치 등 다방면의 활약으로 지역경제 활성화를 도모하는 자

5. 로컬크리에이터의 역할

- 지역 이해자 : 지역이 담고있는 지역성, 역사의 의미, 지역민의 소망 파악
- 지역 활동가 : 지역 특성을 파악하고 이해를 기반으로 지역 내에서 활동하는 사람
- 창의적 아이디어 제안자 : 지역 자산이 의미있고 새로운 것으로 다가갈 수 있도록 아이디어를 제안
- 지역브랜드 기획 홍보자 : 지역의 특성과 가치를 대중에게 인식시킬 수 있는 브랜드를 기획
- 지역 비즈니스 실천가 : 지역 내 사업분야 관련 생산, 유통, 소비에 대한 이해와 지역민과 상생하는 사업방식 운영
- 로컬크리에이터 양성가, 중개가 : 우수사례를 공유하고 지역커뮤니티에서 양성과정 교육

- 35 -

6. 로컬크리에이터의 7대 분야

- 지역 고유의 특성과 자원을 기반으로 혁신적인 아이디어를 접목하여 지역경제 활성화에 기여하는 '지역가치 창업가'로 7대 유형의 비즈니스 모델로 분류

- 36 -

6. 로컬크리에이터 7대 분야 (중소벤처기업부, 2024)

▪ 지역가치	지역의 문화나 고유특성을 기반으로 혁신적인 아이디어를 융합하여 새로운 경제적·문화적 가치를 창출
▪ 로컬푸드	지역의 특산물, 미활용 작물 등 농수산물을 활용한 식품가공 및 유통
▪ 지역기반제조	지역에서 생산되는 소재를 활용하거나 지역특색을 반영한 제조업
▪ 지역특화관광	관광자원(자연환경, 여행지 등)을 활용하여 해당지역으로 관광객 유입 확대
▪ 거점브랜드	지역 내 복합문화공간 등 지역거점 역할
▪ 디지털문화체험	지역별로 역사와 문화가 담긴 유적지와 문화재 등을 과학기술 및 ICT를 활용하여 재해석 또는 체험
▪ 자연친화활동	지역별로 상이한 자연환경(바다, 산, 강 등)에서 진행되는 서핑, 캠핑 등 아웃도어 활동을 위한 다양한 사업모델

7. 로컬크리에이터 도출 프로세스

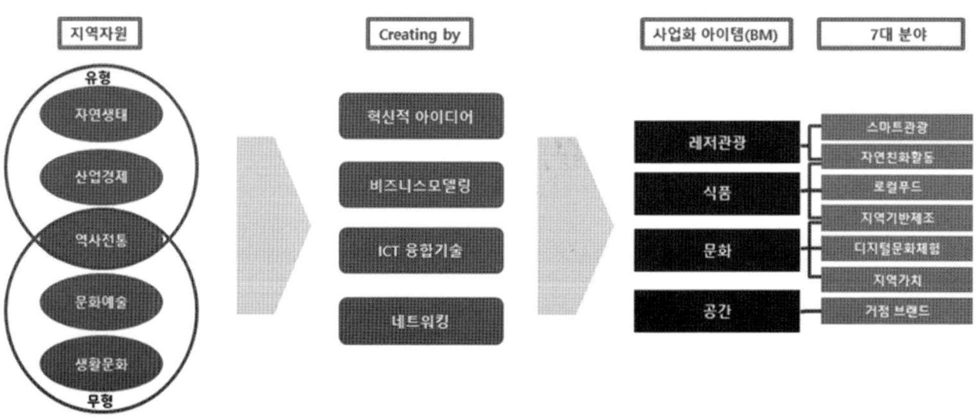

※ 자료출처: 이창영 외(2020), 로컬크리에이터 활성화 지원방안 마련

기업가정신(Entrepreneurship)

쉬어가는 페이지

나는 하느님이 주신 세가지 은혜 덕분에 크게 성공할 수 있었다.

첫째, 집이 몹시 가난해 어릴 적부터 구두닦이, 신문팔이 같은 고생을 통해 세상을 살아가는 데 필요한 많은 경험을 쌓을 수 있었고,

둘째, 태어났을 때부터 몸이 몹시 약해 항상 운동에 힘써 왔기 때문에 건강을 유지할 수 있었으며,

셋째, 나는 초등학교도 못 다녔기 때문에 모든 사람을 다 나의 스승으로 여기고 누구에게나 물어가며 배우는 일을 게을리하지 않았다.

- 마쓰시타 고노스케 -

1. 기업가정신이란?

- 기업가정신은 기업가들의 위험감수를 강조한 리처드 드 칸틸런(Richard de Cantillon)이 처음 사용한 용어임
- 기업가들의 창의적이고 모험적인 성향을 의미하며, 한 국가의 경제성장과 기업활동에서 가장 기본이 되는 행위

2. 기업가정신에 대한 학자들의 정의 (1)

학자	기업가정신의 정의
나이트(Knight)	성공적으로 미래를 예측하는 능력
슘페터(Schumpeter)	새로운 콤비네이션을 수행하는 능력 창조적 파괴, 즉 한마디로 혁신이라고 할 수 있음. 신제품의 발명 또는 기술개발, 새로운 생산방법의 혁신, 신시장의 개척, 새로운 원료나 부품의 공급
콜(Cole)	수익 지향적 사업을 시도하고, 개발시키는 데 목적을 둔 활동능력
커즈너(Kirzner)	불안전하고 불균형한 미래시장을 정확히 예측할 수 있는 능력
라이벤스타인(Leibenstein)	경쟁자들보다 더 훌륭히 그리고 열심히 일을 할 수 있는 능력
밀러(Miller)	위험을 감수하고, 진취적이며, 혁신을 추구하는 조직적 능력
론슈타트(Ronstadt)	지속적인 부를 창출하는 능력
피터슨(Petersen)	혁신을 자극하는 기회 추구적 관리 스타일
스티븐슨(Stevenson)	기회의 지각에 의해 주도되는 것

2. 기업가정신에 대한 학자들의 정의 (2)

학자	기업가정신의 정의
가트너(Gartner)	새로운 조직을 창조하는 것
자라(Zara)	제품과 공정을 혁신 및 시장개발을 통해서 새로 사업을 창출할 목적으로 행하는 공식적, 비공식적인 활동
히스리치(Hisrich)와 브러시(Brush)	위험부담과 그에 상응하는 보상을 전제로 하여 가치 있는 그 무엇인가를 창조하는 과정
카오(Kao)	사업기회의 인지, 위험부담의 적절한 관리, 적절한 자원동원의 기술을 통하여 가치를 창출하려는 시도
드러커(Drucker)	새로운 문제나 새로운 기회에 대해 적절히 대응해 나가는 경영관리의 적응, 그리고 이노베이션을 경영관리에 실천하는 능력
빌게이츠(Bill Gates)	새로운 원료나 부품의 공급이나, 단기적 비전과 장기적 꿈이 잘 조화된 확고한 자신감으로 전문적 하이테크 지식이 잘 배합된 전략가로서의 리더십

3. 기업가정신에서 강조되는 요소

요소	핵심내용
혁신성	새로운 제품과 서비스, 그리고 창조적 프로세스를 통한 새로운 시도를 기꺼이 하려는 마음
위험감수성	위험(risk)이 생길 수 있는 새로운 것에 과감히 도전할 수 있는 열정
진취성	미래 수요를 예측하고 기회를 포착할 수 있는 통찰력을 가진 진취적 특성
자율성	조직의 관료주의를 탈피하여 새로운 가치와 아이디어를 추구하는 기업가적인 독립성
경쟁적 공격성	시장에서 경쟁사를 앞서기 위해 직접적이고 집중적으로 경쟁하려고 하는 성향

[도움사이트] 한국청년기업가정신재단 (www.koef.or.kr)

한국청년기업가정신재단은 초등학교부터 대학교까지 모든 학생이 기업가정신에 대해서 배우고, 도전할 수 있도록 교육, 연구 사업, 그리고 벤처 인큐베이팅 지원사업을 통해 전 사회에 기업가정신이 확산되도록 노력하고 있음

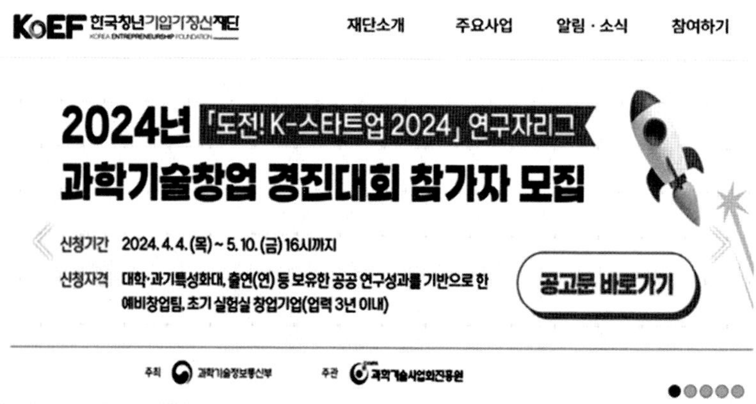

[도움사이트] 소상공인시장진흥공단 (www.semas.or.kr)

소상공인시장진흥공단은 소상공인 육성, 전통시장·상점가 지원 및 상권활성화를 위해 설립한 전문기관임

[도움사이트] 소상공인마당 (www.sbiz.or.kr)

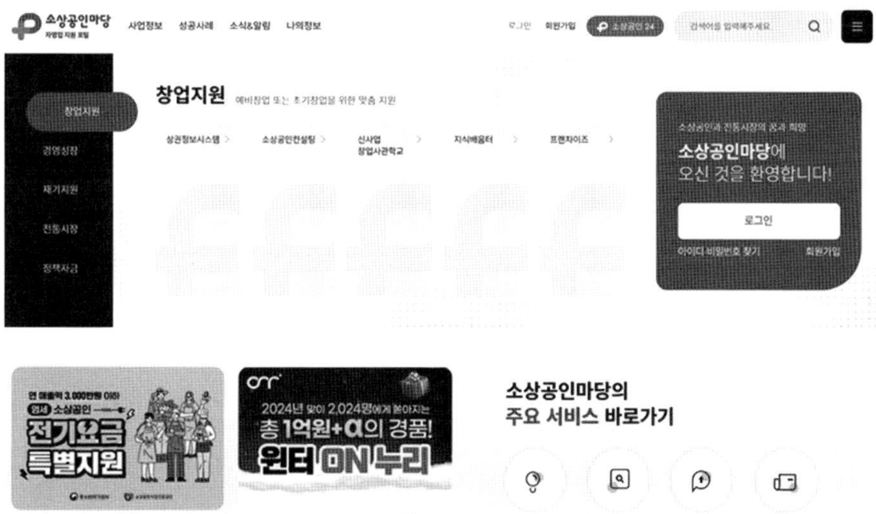

로컬비즈니스의 이해

1. 로컬비즈니스의 개념

- 주요 타깃 시장(1차 시장)으로 자신이 활동하는 지역 시장을 삼는 비즈니스
- 지역에서 새로운 가치를 만들어내는 과정
- 지역 생태계 요소를 재가공하여 창출한 가치를 넓은 저변의 고객에게 체계적으로 전달 가능한 사업 체계를 갖춘 것
- 새로운 가치를 생산해 냄으로써 그 지역 자체적인 소비 뿐만 아니라 타 지역의 사람들도 유입을 시켜낼 수 있어야 함. 로컬비즈니스는 정체나 정적인 개념이 아니라 동적이고 확장의 의미를 지니고 있음

2. 로컬크리에이터(로컬비즈니스) 분야별 선정 비율 (중소벤처기업부)

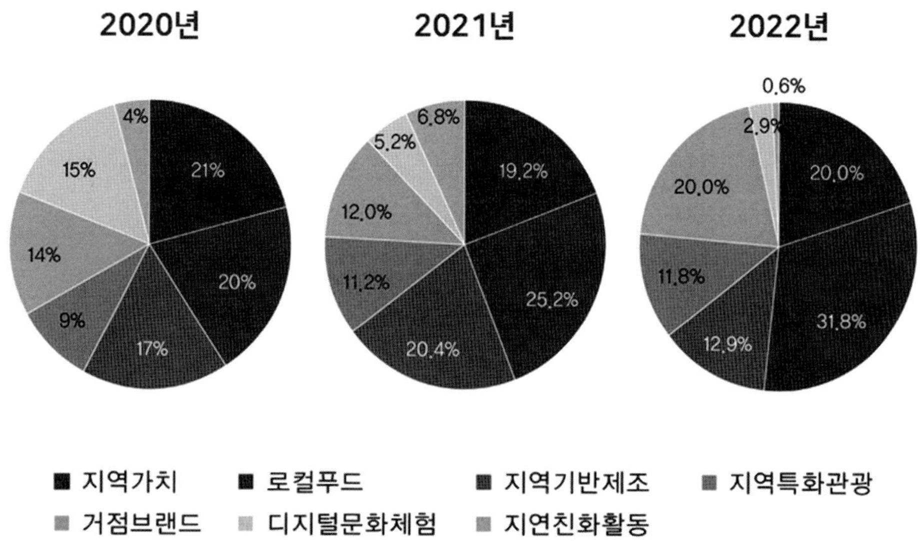

3. 2020년 분야별 우수사례

분야	사업명	사업내용
지역가치	재주상회	제주 로컬 매거진 iiin[인] 독자에게 제주 식재료와 1차 가공 식품을 배송하여 생산자와 상생하는 정기구독 서비스
로컬푸드	크래머리 브루어리	가평 특산물 '잣'과 지역 맥주를 제조하고 지역관광 연계 투어(청평호수, 잣향기푸른숲) 제공
지역기반제조	뮤지움재희	담양 특산물인 대나무에서 추출한 원사와 식용 장어의 부산물로 버려지는 가죽을 재활용해 구두 제작
지역특화관광	마을호텔	공주 원도심의 공실을 임대해 지역에 필요한 문화 인프라와 방문객을 위한 마을호텔 운영
거점브랜드	해녀의 부엌	해녀 관련 공간체험과 공연, 제주 해산물 판매 등 융복합 콘텐츠를 제공해 해녀의 전통성 보전·제주 해산물 가치 전달
디지털문화체험	엔티콘	소비자가 성북동 문화, 예술공간을 개별적으로 방문 후 '위치기반 AR 체험'을 통해 뮤지컬 등 문화서비스 체험
자연친화활동	산너미목장	청옥산기슭 흑염소 목장과 차박 캠프장을 함께 운영하여 먹거리, 문화행사, 자연체험 여행 서비스를 제공

4. 2021년 지역별 우수사례

지역	사업명	사업내용
수도권	금풍양조	인천 강화도 온수리에서 3대째 전통을 이어 온 양조장으로 지역특산물을 원료로 한 막걸리를 제조하며, 강화에서 활동하는 다른 지역 로컬크리에이터들과 협업
충청권	세종시삼십분	신도심 공간을 기반으로 '비스트로 세종'과 지역 맥주 '세종피치에일'을 론칭. 연서면 농가의 원유를 기반으로 제품을 만들고 체험 프로그램 진행, 원도심인 조치원 도시재생을 위해 골목상권 매장 준비 중
영남권	노마도르	'미스터리 울릉 : 우해왕의 보물'이라는 국내 최초 아웃도어 추리게임 출시. 울릉도의 유·무형 자원을 독창적으로 활용한 체험형 관광
강원	넷플렉스	춘천에서 문학 기반 커뮤니티 플랫폼을 운영하는 윤한 소양하다 대표, 원주에서 재봉 틀 공방을 창업해 디자인 소품을 선보이는 신혜림 달콤한 재봉틀 대표, 1960년대 지어진 양양의 벙커를 개조해 공간 비즈니스를 준비 중인 윤지상 벙커38.1 대표 등으로 구성
호남권	데이앤바이오	표고버섯과 작두콩 등 지역 수산물을 조합한 천연 조미료 생산
제주	컬러랩제주	애월 아트스튜디오를 거점으로 제주 자연에서 자신의 색을 찾는 프로그램 운영. 지역 발달장애 아동 대상의 미술교육과 리빙굿즈 제작

로컬크리에이터 지원 정책

1. 로컬크리에이터 관련 부처

- 교육부
- 중소벤처기업부
- 문화체육관광부
- 국토교통부
- 행정안전부
- 농림축산식품부

2. 국정과제 – 지역사회의 자생적 창조역량 강화

지역사회의 자생적 창조역량 강화			
관련 공약	교육 기조 공약	민간 주도형 단기 특정기술 학위제 활성화	
		맞춤형 인재를 양성할 기업 대학 설립	
		로컬크리에이터 중심의 콘텐츠 창업 지원	
실천 과제	연번	실천과제명	주관부처
	1	지역대학을 활용한 로컬크리에이터 인력 양성	중기부
	2	로컬 브랜딩, 골목상권 육성 및 산업화 촉진	중기부
	3	골목산업 생태계를 뒷받침하는 로컬인프라 구축	중기부
	4	참여, 협력, 혁신을 통한 로컬 창조커뮤니티 기반 조성	행안부
	5	지역 주도의 맞춤형 종합지원을 위한 투자협약 활성화	국토부
	6	지역특화 로컬콘텐츠타운 조성	국토부

3. 로컬크리에이터 지원 정책 (1)

국정과제 119 지역사회의자생적 창조역량강화	
과제 목표	· 지역대학을 활용한 로컬크리에이터 발굴·양성 · 골목상권을 골목산업으로 육성, 지역별 마스터 플랜수립으로 로컬 창조생태계 조성
주요 내용	· 로컬크리에이터 : 지역대학 내 로컬크리에이터 과정 신설. 창업훈련기관 육성 · 로컬브랜드 : 동네단위 로컬브랜드 구축. 지역 특성 골목산업 육성 · 로컬인프라 : 상권기획자·발전기금·민관협업 투융자제도 도입 · 창조커뮤니티 기반 조성 - 로컬브랜딩 마스터 플랜 수립, 주민 참여 로컬브랜딩 생활 실험 등 로컬 커뮤니티 단계적 확산 · 지역특화 로컬콘텐츠타운 조성 - 지역의 고유자산을 활용한 지역브랜드화, 청년 창업 지원 등을 통해 콘텐츠가 있는 도시재생 추진
기대 효과	새로운 지역 주도 성장 모델을 통해 지역의 콘텐츠와 자원을 활용한 새로운 유형의 지역 산업 창출

3. 로컬크리에이터 지원 정책 (2)

국정과제 120 지역소멸 방지, 균형 발전 추진체계 강화	
과제 목표	· 지역에서 지역에 맞는 정책 마련, 국가가 지원 · 지역 주민의 의견 수렴, 정책 체감 효과 극대화
주요 내용	· 지방소멸 위기 극복 : 인구 감소 지역지원을 위한 다양한 특례 및 재정 지원 · 균형발전지표 활용 · 지역공약 추진체계 - 지역공약이행체계를 구성, 지역균형발전 거버넌스, 지역전문가 등 활용
기대 효과	· 인구감소지역의 정주여건 개선 · 지역 역량 강화

쉬어가는 페이지

- 정보력

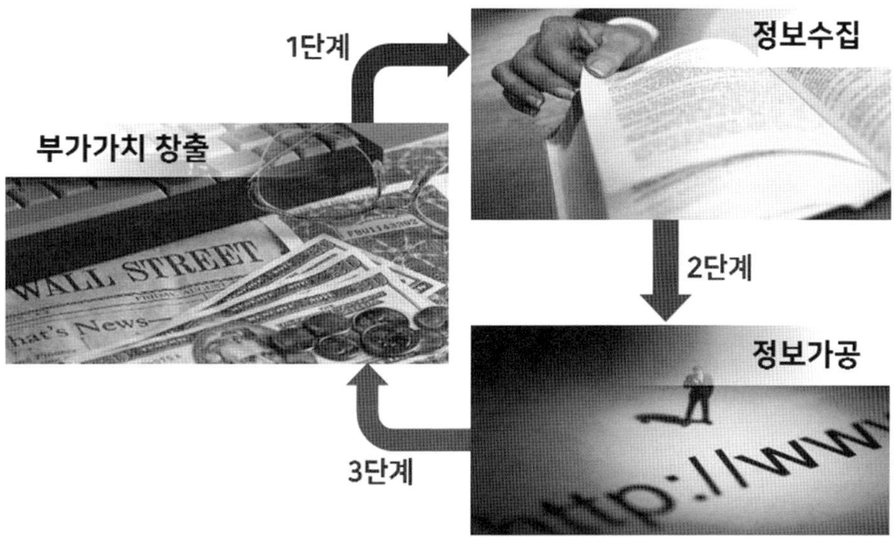

- 58 -

쉬어가는 페이지

- 우선순위 정하기

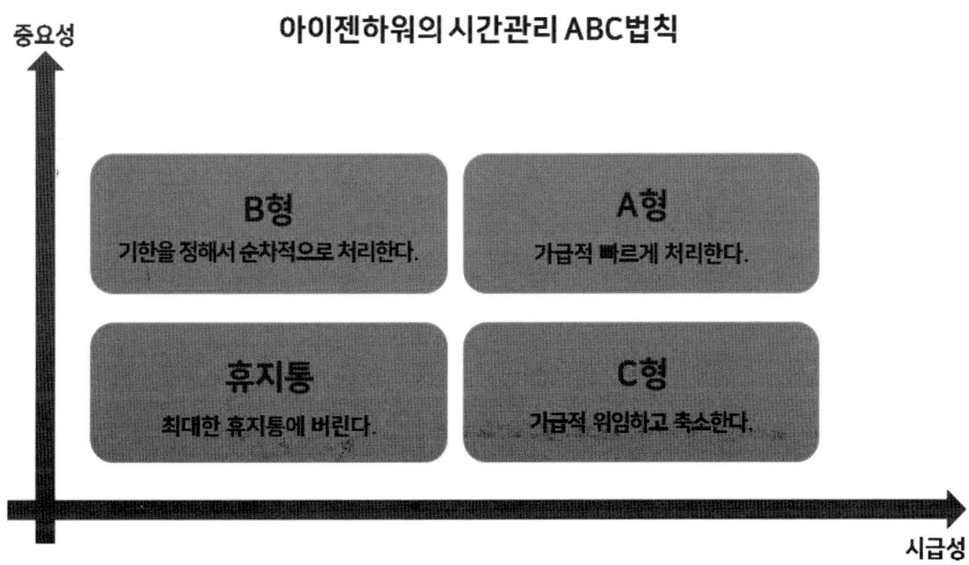

- 59 -

쉬어가는 페이지

구분	중요도	비중
A형	매우 중요	모든 일 중 15%에 불과하나 가치에 있어서는 65% 정도의 비중을 차지함
B형	중요	모든 일 중 20% 정도이며 가치에 있어서도 20%의 비중을 차지함
C형	보통	모든 일 중 65%에 달하나 가치에 있어서는 15%에 불과함
휴지통	중요하지 않음	시급하지도 중요하지도 않은 일은 가급적 하지 않고 될 수 있는 한 휴지통에 많이 버린다. 위험을 감수하겠다는 마음가짐으로 용기를 내어 휴지통을 적극적으로 활용한다. 휴지통에 넣는 순간 많은 일이 저절로 해결된다.

쉬어가는 페이지

- 최소한의 노력으로 최대의 효과는

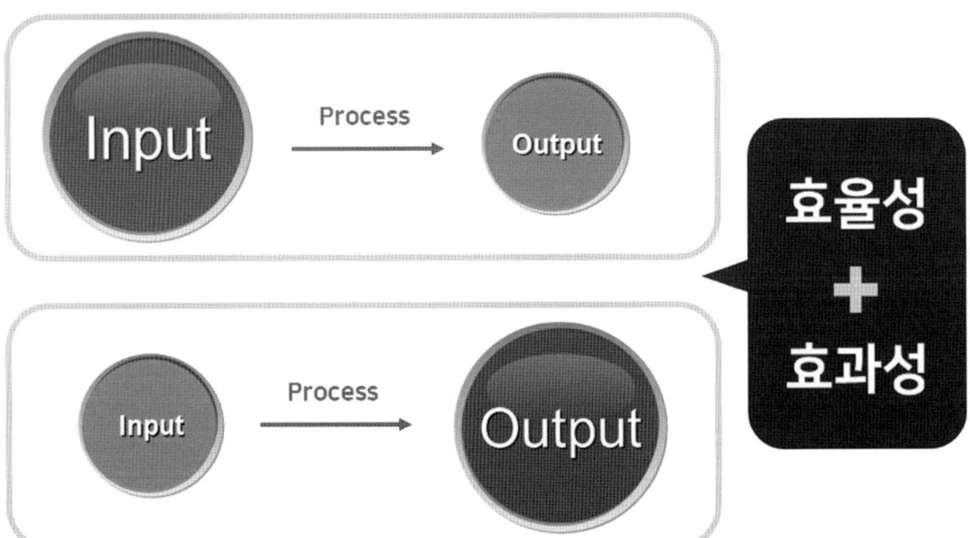

1-2 로컬브랜드

1. 로컬브랜드의 이해 (1)

- **브랜드(Brand)**
  - 브랜드는 제품, 서비스, 회사, 또는 개인에 대한 식별 가능한 심볼, 이름, 디자인, 로고 등의 요소를 포함함
  - 브랜드는 소비자들에게 특정 제품이나 서비스의 품질, 가치, 경험, 그리고 구매 결정에 영향을 미치는 다양한 요소를 상징화 함
- **브랜딩(Branding)**
  - 브랜딩은 브랜드를 구축하고 유지하기 위한 과정으로, 브랜드의 가치를 전달하고 소비자들의 인식을 형성하는데 중요한 역할을 함
  - 브랜딩은 로고, 디자인, 마케팅 전략, 고객 경험 등 다양한 요소를 포함하여 브랜드의 식별성을 강화하고 브랜드가 원하는 이미지를 형성하는 과정임

1. 로컬브랜드의 이해 (2)

로컬브랜드(Local Brand)

- **지역상품과 서비스 등이 소비자에게 특별한 브랜드로 각인되어 지역 이미지 향상과 경제 활성화에 연계되는 것을 의미함**
- **전국적인 평판을 얻은 지역 기반 브랜드**
- **지역자원과 특색으로 차별화된 지역 기반 브랜드**
- 로컬브랜드는 특정 지역 또는 국가에서 활동하며, 해당 지역의 문화, 언어, 선호도 등을 고려하여 제품 또는 서비스를 제공함
- 로컬브랜드는 지역적인 아이덴티티와 관련이 깊으며, 해당 지역의 소비자들에게 더 큰 신뢰와 연결성을 제공함
- **로컬브랜드는 브랜드 요소에 따라 자연자원형, 문화자원형, 상품자원형, 서비스자원형으로 구분할 수 있음**

2. 로컬브랜드의 필요성 (1)

1) 지역경제 활성화

- 로컬브랜드는 지역 내에서 생산되며, 지역 경제에 기여하고 일자리를 창출
- 지역 경제의 순환을 돕고 지역 사회의 경제적 자립을 촉진

2) 지역 문화와 전통의 보존

- 지역의 문화적 특성이나 전통을 반영한 제품은 지역 문화를 보존하고 발전시키는데 기여하며, 지역의 정체성과 자부심을 증진시킴

3) 지속 가능한 개발

- 지역 자원을 이용하고, 단거리 운송을 통해 지역 사회와 환경에 긍정적인 영향

2. 로컬브랜드의 필요성 (2)

4) 소비자와의 연결감

- 소비자와 관계를 통해 소비자의 요구와 선호를 더 잘 이해
- 소비자에게 더 개인화된 서비스와 제품을 제공

5) 혁신과 창업 촉진

- 지역 창업가들에게 비즈니스 기회를 제공
- 혁신적인 아이디어가 시장에 도입될 수 있는 기회 및 경제적 다양성과 경쟁력을 증진

6) 지역사회 연대감 및 지원

- 지역 사회 내에서 상호 지원의 네트워크를 형성
- 지역 사회의 이슈와 필요에 기여, 지역 사회 구성원들 간의 연결고리를 강화

3. 로컬브랜드의 가치 (Local Brand Value)

ㅇ 소비자에게 제공하는 약속과 소비자가 느끼는 기대치에 의해서 결정

① 지역 고유의 문화, 자원, 상품을 통해 지역 경제 및 지역 사회의 정체성을 강화

② 소비자에게 지역 특색을 반영한 제품과 서비스를 제공함으로써 새로운 경험으로 지역사회와 연결

③ 소비자의 관심을 유도하여 관광 및 투자 촉진 및 지속 가능한 지역 개발

출처 : 김영수외 3인(2018). 지역을 살리는 로컬브랜딩

4. 로컬브랜드 4가지 속성 (1)

1) 장소성

- 브랜드가 위치한 지역의 고유성과 연결
- 지역을 지역 답게 만들어 온 지속 가능한 속성

2) 문화와 라이프스타일

- 고객과 소통하며 로컬브랜드가 문화적 가치와 지역사회 생활 방식을 반영
- 문화적 요소를 제품 디자인이나 마케팅 전략에 통합
- 지역 고유한 정체성을 구축하고, 소비자들에게 의미 있는 연결고리를 제공

3) 사업성

- 로컬브랜드가 사업화 되어 지역 경제를 활성화
- 지역 생산자와 협력, 지역 자원 활용, 지역 고용 창출
- 지역 사회와 상호작용을 통해 경제적 가치를 창출 - 지역 사회의 성장과 발전을 지원

- 68 -

4. 로컬브랜드 4가지 속성 (2)

4) 공동체성

- 지역공동체를 위해, 공동체에 의해, 공동체의 것으로 만들어지고 유지
- 고객, 지역 사업체, 현지 생산자와의 관계 구축
- 지역 사회의 일원으로서 공동체의 가치를 증진
- 지역 주민과 긍정적인 관계를 통해 신뢰와 충성도를 구축
- 로컬브랜드가 지역 사회의 문제를 해결하고, 지역 사회 발전에 기여

출처 : 김영수 외 3인(2018). 지역을 살리는 로컬브랜딩

- 69 -

5. 로컬브랜드의 구성요소 (1)

1) 네이밍

- 지역적 연관성이 있어야 함 : 서울미식, 제주향기
- 브랜드 철학이 담겨 있어야 함 : 자연의 선물, 친환경 밥상, 콘텐츠복덕방
- 간결하면서도 독창적이고 차별화되어야 함 : 푸른들녘, 산골이야기, 농부의 밥상
- 발음과 기억하기 쉬워야 함: 맑은샘, 고향의 맛

5. 로컬브랜드의 구성요소 (2)

2) 로고

- 지역적 특색 : 특정지역의 랜드마크, 자연경관, 전통적인 색상 및 패턴 등 포함
- 간결함 : 간결한 형태와 명확한 색상조합으로 쉽게 인식 및 기억
- 타이포그래피 : 로고의 독창성을 높이고 브랜드명 자체가 시각적 아이덴티티 효과
- 브랜드 철학과 가치를 반영하여 시각적으로 표현
- 심미성과 조화 : 시각적으로 매력적이고, 다양한 매체와 잘 어울려야 함

출처 : Google Site

5. 로컬브랜드의 구성요소 (3)

3) 컬러

- 컬러가 로컬브랜드를 전달하는 수단
- 지역의 역사나 문화, 상징, 이미지에서 추출
- 해당지역의 고유한 매력과 특징을 고려
- 지역의 정체성이 담겨야 함

예) 감천문화마을, 나오시마섬, 청춘발산마을, 제주맥주

출처 : Google Site

5. 로컬브랜드의 구성요소 (4)

4) 슬로건

- 지역공동체를 위해, 공동체에 의해, 공동체의 것으로 만들어지고 유지
- 로컬브랜드의 특징을 명확하게 전달
- 로컬브랜드를 바탕으로 쉬운 메시지
- 구체적이고 확장성이 있으며 기억하기 좋음
- 단순하면서도 직관적으로 브랜드의 의미를 파악

예) I Love New York, 중심에 서다(충북).
하이 서울(Hi Seoul) – 아이 서울 유(I. Seoul. U) – 서울, 마이 소울(SEOUL, MY SOUL)

로컬브랜드 동향 및 트렌드

1. 로컬브랜드 동향

- 지역 문화의 부흥 및 경제적 이익, 지역 사회와 상생하는 브랜딩
- 지역 공동체와의 상호작용, 지속 가능, 로컬 고유의 문화, 라이프스타일, 경제적 활동 등 포괄적 접근
- 로컬브랜드와 캐릭터 개발, 지역 문화의 재해석 및 창조적 활용
- 지역 커뮤니티를 통한 다양한 활동
- 중소벤처기업부는 지역경제를 활성화하기 위해 '로컬브랜드' 적극 지원
- 소상공인 및 자영업자의 경제적 회복 및 지역의 골목상권을 브랜드화하여 지역 명소로 개발

2. 로컬 트렌드

ㅇ 로컬푸드 직매장

- 지역 농산물 유통 강화, 지역 경제 활성화

ㅇ 지역재생 프로젝트

- 지역 경제에 긍정적인 영향, 지역 사회의 발전 촉진

ㅇ 콘텐츠 투어리즘

- 지역 문화와 역사를 기반으로 한 관광 콘텐츠
- 드라마, 영화 촬영지를 통한 지역 문화의 보존과 전파 _ 로컬 관광 활성화

ㅇ 로컬푸드 추진 전략과 정책

- 지속 가능한 먹거리 생산과 소비를 목표로 하는 로컬푸드 운동은 지역 경제 활성화
- 생산, 가공, 유통, 판매 과정을 연결하며, 공공재 투자를 통해 지역 농촌 개발 사업과 연계

ㅇ 로컬브랜드페어

- 로컬브랜드와 로컬비지니스를 중심으로 확장

- 76 -

3. 로컬브랜딩 전략

ㅇ 로컬다움 발견하기

- 지역의 독특한 이야기와 캐릭터를 발견하고 이를 기반으로 한 전략을 세움

ㅇ 지속가능한 자원 발굴

- 지역의 자연적, 문화적 자원을 활용하여 지속 가능한 사업 모델을 개발

ㅇ 로컬브랜드 아이덴티티 개발

- 지역의 고유한 아이덴티티와 매력을 통해 차별화된 로컬브랜드를 개발
- 지역의 비전, 가치, 목표 등을 포함하며, 지역의 시각적 요소와 연결

ㅇ 마케팅 전략 수립

- 로컬브랜드를 위한 효과적인 마케팅 전략 수립
- 광고, 프로모션, 디지털 마케팅 및 소셜 미디어 활용 포함

- 77 -

로컬브랜드 사례 탐구

1. 사례 탐구 - Patagonia (파타고니아)

- 환경 보호 및 사회적 책임을 강조하는 미국의 아웃도어 의류 및 장비 브랜드
- 환경 보호 활동에 적극 참여
- 지역 사회와 환경에 대한 약속을 보여주는 브랜드
- 지속 가능한 농법을 지원, 지속 가능한 제품 생산을 추구함
- 유기농 목화 사용, 재활용 소재 사용, 공정 노동 환경을 지향

출처 : 파타고니아 홈페이지

2. 사례 탐구 - 포틀랜드

- 미국 오리건 주에 위치한 도시로, "Keep Portland Weird"라는 슬로건으로 유명
- 슬로건은 포틀랜드의 독특한 문화와 창의성, 지역사회 지원을 강조
- 독특한 로컬문화를 가진 곳
- 도시의 정체성을 형성, 지역 경제와 커뮤니티에 긍정적인 영향

출처 : https://blog.naver.com/dbeods/222903880595

3. 사례 탐구 - 비틀즈 박물관

- 비틀즈의 역사와 음악을 보존하고 전시하는 곳
- 음악과 문화에 관심 있는 사람들에게 중요한 명소
- 박물관은 비틀즈의 고향인 리버풀 및 여러 지역에서 찾아볼 수 있음
- 문화유산 보존, 관광 촉진, 커뮤니티 중심의 이벤트 및 프로그램
- 전시와 컬렉션, 교육 프로그램을 통한 음악의 이해, 이벤트와 공연, 상호작용과 전시와 체험

출처 : https://m.blog.naver.com/britishcouncilkorea/221248502201

4. 사례 탐구 - 아트치요다3331

- 일본 도쿄에 위치한 현대 예술의 중심지
- 예술, 문화, 커뮤니티가 결합된 독특한 공간
- 중학교였던 건물을 리노베이션
- 예술 작품과 이벤트, 워크샵 등을 통해 지역 사회와의 교류를 증진
- 문화적 교류의 장, 예술 교육의 촉진, 지역 경제 활성화, 커뮤니티 중심지
- 다기능적 공간, 오픈 플랫폼, 지속 가능한 커뮤니티 창출, 역사와 현대성의 결합

출처 : https://visit-chiyoda.com/ko/3331-arts-chiyoda-connecting-world/

5. 사례 탐구 - 마르쉐 시장

- 로컬푸드 마켓, 농부시장
- 농부, 생산자, 소비자가 직접 만나는 직거래 장터
- 신선하고 지속 가능한 방식으로 생산된 지역 식품을 판매
- 소비자는 건강하고 신선한 식품을 제공, 생산자는 더 높은 수익을 보장
- 지역 경제 활성화, 건강한 식생활 촉진, 지속 가능한 농업 지원, 사회적 교류의 장
- 지역, 계절, 교육, 커뮤니티 중심

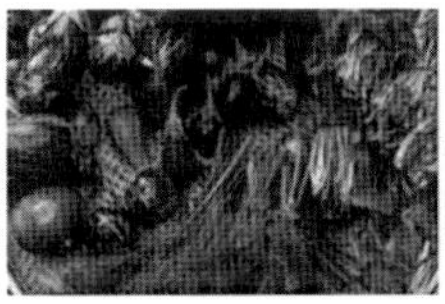

출처 : 농부시장 마르쉐 홈페이지

6. 사례 탐구 - 양양 서퍼비치

- 한국 강원도 양양군에 위치한 이국적인 해변
- 서핑 문화의 확산과 해변 관광의 활성화에 기여
- 서퍼들과 해변을 사랑하는 사람들에게 최적의 환경을 제공
- 국내외 관광객들에게 인기 있는 목적지로 자리매김
- 서핑 문화의 중심지, 레저 및 휴양 목적지, 커뮤니티 형성
- 이국적인 풍광, 반려동물 동반 가능

출처 : 양양시피비치 홈페이지

7. 사례 탐구 - 마치공작소 바른염색

- 염색 공예에 중점을 둔 공작소 또는 작업실
- 지속가능하고 환경에 미치는 영향을 최소화하는 염색 방법
- 전통과 현대의 융합, 교육 및 워크숍, 문화적 가치의 확산,
- 지역 경제 활성화
- 언어유희 _ 조식씨, 간식씨, 야식씨
- 원데이클래스, 나이키, 내셔널지오그래픽에 납품

출처 : 마치공작소 바른염색 네이버블로그

8. 사례 탐구 - 방랑싸롱

- 순천의 지역 문화와 관광의 거점으로 활약하는 공간
- 고추장 보관소로 사용되던 창고를 개조해 만든 공간
- 예술, 음악, 지역 커뮤니티 활성화
- 재즈 페스티벌 같은 문화 행사 _ 지역 문화의 중심지
- 커뮤니티를 위한 다양한 프로젝트 진행
- 할미넴 프로젝트 _ 소통과 문화 교류를 촉진
- 조치원 정수장을 개조한 방랑싸롱 오픈

출처 : 장재영대표 제공

9. 사례 탐구 - 목도양조장

- 충북 괴산의 100년 소공인기업, 괴산지역에서 생산되는 쌀 사용
- 술은 전통방식으로 1주일에 300병만 제조하여 괴산에서만 판매
- 방문객에게 목도양조장의 역사와 전통주 제조 과정 안내 및 술 체험
- 충청대학교 시각디자인과와 협업하여 캐릭터, 리플렛, 굿즈 등 개발

11. 사례 탐구 - 감자밭

- 춘천에서 시작된 로컬브랜드, 감자를 주제로 한 다양한 제품과 체험을 제공하는 카페
- '감자밭 감자빵'으로 유명하며, 연간 방문객 수 70만 명을 기록
- 빵은 실제 감자 모양, 진한 감자 맛을 느낄 수 있음
- 지속 가능한 농업과 로컬브랜드의 가치를 중요하게 생각함
- 철학과 비전을 바탕으로 지역 사회에 기여하고 있음

출처 : 감자밭 홈페이지

알아두면 도움이 되는 용어

1. 로컬콘텐츠타운(Local Content Town)
- 로컬브랜딩, 건축디자인 지원, 로컬콘텐츠 메이커 스페이스 운영 등을 통해 문화자원이 풍부한 지역을 로컬상권, 로컬브랜드 생태계, 정주여건을 갖춘 타운으로 조성하는 사업

2. 로컬브랜드 상권(Local Brand Commercial District)
- 전국적인 평판을 얻은 독립기업 중심의 상권 (예:~리단길)
- 지역자원과 특색으로 차별화된 독립기업 중심의 상권 (예:한옥마을, 서핑마을, 헤이리예술마을)
- 특정 유형의 로컬브랜드가 집적된 독립기업 중심의 상권

3. 로컬소셜라이징(Local Social Rising)
- 지역사회 특성을 반영한 공간과 콘텐츠를 통해 지역주민과 소통하고 상생하는 기업의 브랜딩

4. 지역특화재생(Localized Urban Renewal)
- 역사, 문화 등 지역 고유자원을 활용한 도시브랜드화, 중심·골목상권 활성화, 창업지원, 로컬콘텐츠타운 조성 등을 통한 지역맞춤형 도시재생사업

[참고] 지역브랜드

- 지역브랜드는 지역 그 자체의 브랜드와 지역의 특징을 살린 상품 브랜드로 구성되며, 이 두 브랜드의 가치를 함께 높여 지역경제 활성화를 실현하는 활동

RB
지역 그 자체의 브랜드
(Regional Brand)

+

PB
지역 특징을 살린
상품브랜드
(Products Brand)

- 한광식 외 1, 농업 4.0시대의 지역브랜드 성공전략

부록 참고

부록[1]
- 중소벤처기업부, 지역기반 로컬크리에이터 활성화 지원사업

부록[2]
- 중소벤처기업부, 로컬브랜드 창출 사업

부록[3]
- 행정안전부, 생활권 단위 로컬브랜딩 활성화 지원사업

부록[4]
- 행정안전부, 청년마을 만들기 지원사업

부록[5]
- 문화체육관광부, 우수 관광벤처

부록[6]
- 중소벤처기업부, 『로컬크리에이터 육성 사업』 사업계획서 작성 양식

쉬어가는 페이지 (완벽한 단어)

ATTITUDE

1+20+20+9+20+21+4+5

Chapter 02

로컬콘텐츠 기획

제2장 로컬콘텐츠 기획

1. 로컬콘텐츠 아이템 발굴
2. 로컬콘텐츠 구체화

1 로컬콘텐츠 아이템 발굴

로컬콘텐츠란 무엇인가

1. 로컬콘텐츠의 개념

로컬콘텐츠

지역자원을 라이프스타일 변화에 맞게 재해석해 만들어진 건축, 공간, 디자인, 스토리, 가치, 커뮤니티 활동, 거리, 상품, 식음료 등 다양한 유형 및 무형의 콘텐츠

환경, 역사, 문화, 공동체, 지리, 장소 등의 지역자원이 로컬콘텐츠 생산과정에서 인풋(input, 투입재)으로 투입

2. 로컬콘텐츠 개발의 필요성 (1)

○ 로컬콘텐츠는 로컬관광을 이끄는 차세대 동력

로컬콘텐츠는 지역만의 스토리를 지역의 사람들이 만들고 운영하는 지역성을 갖춘 콘텐츠로, 이를 관광객에게 보여주고 체험을 할 수 있도록 하는 것이 곧 로컬관광이다.

지역만의 문화를 찾아 로컬콘텐츠를 발굴하고 관광객에게 매력있게 다가갈 수 있는 지역만의 요소를 결합하여 문화체험과 경험가치를 그동안의 관광과 다른 차별화 요소를 부각하여 재방문하고 싶은 관광을 만들어낼 수 있다.

제주 구좌읍 종달리 부둣가의 폐어산장을 개조해 만든 체험형 공연 식당 '해녀의 부엌' (*출처 : 해녀의부엌 홈페이지)

부산 영도의 폐공장(부두창고)을 개조해 만든 복합문화공간 '무명일기'

2. 로컬콘텐츠 개발의 필요성 (2)

○ 일상의 모든 순간이 여행

일상 속 개인의 관심사나 취향과 관련된 경험을 추구하며 다양한 테마의 여행을 통해 현재의 행복을 만끽하고자 함

*사회, 여가, 소비, 환경, 노동분야의 주요 변화를 토대로 2023년 유망 여행 테마 6가지 선정 출처 : 한국관광공사

2. 로컬콘텐츠 개발의 필요성 (3)

- 나만의 경험을 찾아가는 여정

2024 국내 관광 트렌드 **R.O.U.T.E.**

*사회, 여가, 소비, 환경, 노동분야의 주요 이슈를 토대로 2024년 유망 여행 테마 5가지 선정

출처 : 한국관광공사

3. 로컬콘텐츠 개발 개념도

콘텐츠 소재 (Input)	콘텐츠 개발 (Output)	가치
• 자연환경 • 역사 & 문화 • 지리 & 장소 • 공동체	• 브랜드 기획 • 프로덕트 개발 • 공간기획 • 커뮤니티 공공재	• 소비자 • 공동체

출처 : https://brunch.co.kr/@riglobalization/136

4. 로컬콘텐츠 개발 프로세스 (1)

콘텐츠 소재 (Input) | 콘텐츠 개발 (Output) | 가치

ㅇ 콘텐츠 소재 (Input)

자연환경

로컬크리에이터가 가장 손쉽게 접근할 수 있는 콘텐츠 소재
산, 강, 바다 등 자연환경은 지역의 특색, 그리고 생산물을 결정한다.
F&B 분야는 지역에서 생산되는 농수산물의 활용 가능성을 일차적으로 검토해야 한다.

역사 & 문화

지역의 역사는 공간으로 활용할 수 있는 건축물 뿐 아니라 브랜딩과 스토리텔링에 필수적인 이야기 소재를 제공
문화자원은 문화재는 물론 지역의 문화예술인도 중요한 자원으로 지역 작가의 작품을 공간에 활용하고 전시, 공연, 행사 등 그들과 협업해 다양한 콘텐츠를 개발할 수 있다.
지역의 문화자원은 고전적인 의미의 문화예술자원과 생활문화까지 포함할 필요가 있다.

지리 & 장소

사업장의 위치가 사업자가 접근할 수 있는 자원, 활동하는 상권, 만족해야 하는 소비자층을 결정한다. 장소성 또한 사업의 성격과 범위를 규정하는 중요한 요소다.
사업장의 위치에 따라 고객에게 제공할 수 있는 장소의 경험이 달라진다.

공동체

사업장이 위치한 지역에 거주하는 주민, 그 곳에서 활동하는 사업자, 사업장을 방문하는 고객 등 다양한 유형의 커뮤니티를 의미한다.
로컬크리에이터가 다른 지역에서 경험할 수 없는 서비스를 개발하고자 한다면, 활동 지역에서 누가 어떤 상품과 서비스를 생산하는지를 파악하는 일로 시작해야 한다.

4. 로컬콘텐츠 개발 프로세스 (2)

콘텐츠 소재 (Input) | 콘텐츠 개발 (Output) | 가치

ㅇ 콘텐츠 개발 (Output)

브랜드 기획

비즈니스 모델에서 가장 중요한 요소는 브랜딩 또는 브랜드 정체성이다.
창업가가 추구하는 브랜드 가치, 브랜드가 타깃으로 하는 소비자층, 브랜드 가치를 전달하는 브랜드 메시지 등이 브랜드 정체성을 구성한다.
브랜드 정체성을 구현하는 가장 빠른 방법은 이를 담은 대표(Signature) 상품의 개발이다.

로컬크리에이터는 일반적으로 로컬콘텐츠를 통해 브랜드 정체성을 확립한다.
지역자원과 문화는 브랜드 소재를 제공하는 일차적인 자원이다.
공공문서, 사료, 향토문화연구서, 인터넷 정보의 아카이빙을 통해 소재를 발굴할 수 있다.

로컬문화를 브랜드에 반영하는 가장 보편적인 방법은 상호나 태그라인에 지역 이름을 사용하는 것이다.

4. 로컬콘텐츠 개발 프로세스 (3)

콘텐츠소재 (Input) | 콘텐츠개발 (Output) | 가치

○ 콘텐츠 개발 (Output)

프로덕트 개발

역서사소는 '여기서 사세요'라는 의미로
전라도 말의 매력을 디자인하는
디자인 문구 브랜드입니다.

제품과 서비스를 가장 손쉽게 로컬콘텐츠로 제작하는 방법은 지역에서 생산되는 재료 등 지역자원을 콘텐츠 소재로 사용하는 것
콘텐츠 소재는 로컬 농수산품 등 유형 재료에 한정되지 않고, 제품과 서비스를 마케팅하고 홍보하는 데 투입되기도 한다.

전통문화는 상품개발에 있어 일차적으로 활용해야 하는 콘텐츠 소재
전국 어디서나 전통공예, 농법, 기술을 친환경적이고 지역 밀착적인 생산방식으로 활용할 수 있다.
불교의 경주, 유교의 안동과 전주, 근대문화의 군산과 인천 등 전통문화가 뚜렷한 도시에서는 전통문화에 글로벌과 기술을 접목하는 방식으로 전통문화를 활용할 수 있다.

또 다른 중요한 콘텐츠 소재는 커뮤니티 자원
로컬브랜드를 수집해 판매하는 로컬브랜드 편집숍, 지역브랜드가 참여하는 팝업스토어와 축제, 공동판매, 공동작업과 제작 등 로컬브랜드 간 협업, 로컬창업자를 육성하고, 로컬창업자 커뮤니티를 구축하는 코워킹 스페이스와 창업 인큐베이터 등 다양한 방식으로 커뮤니티 자원을 동원할 수 있다.
주민이 직접 경영에 참여해 지역이 필요한 상품과 서비스를 생산하는 마을호텔, 마을기업, 협동조합, 사회적기업도 커뮤니티 인적자원을 활용한 프로덕트 기획 모델의 하나로 분류할 수 있다.

4. 로컬콘텐츠 개발 프로세스 (4)

콘텐츠소재 (Input) | 콘텐츠개발 (Output) | 가치

○ 콘텐츠 개발 (Output)

공간기획

역사적 가치가 높은 건축물을 매장으로 리모델링하거나 유서 깊은 거리에서 매장을 오픈하는 것이 가장 손쉬운 지역기반 공간기획
역사적 건축물이 부족한 장소에서는 공간디자인을 통해 주민과 주민을, 주민과 고객을, 지역과 기업을 연결하는 것이 공간기획의 핵심

최근 트렌드는 오픈계단, 서가, 루프탑, 빈티지를 통해 지역의 거리, 자연, 지식, 역사와 연결하고 지역의 스토리 자산을 활용하는 것이다.

연남동 쿠움파드니스

인천 상하도 조양방식

부산 영도 부병일기

4. 로컬콘텐츠 개발 프로세스 (5)

콘텐츠 소재 (Input) | 콘텐츠 개발 (Output) | 가치

○ 콘텐츠 개발 (Output)

커뮤니티 공공재 생산

랜드마크, 커뮤니티 공간, 로컬 플랫폼, 로컬비즈니스 생태계 등 공공재 성격을 일부 띤 사유재를 로컬콘텐츠로 개발한 커뮤니티 공공재는 지역상생을 추구하는 로컬크리에이터가 자연스럽게 생산할 수 있는 콘텐츠

커뮤니티 공공재 개념에는 지역문제 솔루션도 포함되어 지역의 유휴공간을 활용해 창업하는 도시재생 스타트업, 지역주민이 참여하고 지역자원을 관광자원으로 활용하는 커뮤니티 호텔, 지역주민에게 모임과 교류의 장소를 제공하는 커뮤니티 카페 등이 현재 부상하는 커뮤니티 비즈니스 모델이다.

지역상권에 공공재를 제공하는 로컬크리에이터는 결국 자신의 상권이 C-READI 조건(지역산업 생태계의 조건)을 만족하는데 기여하는 것이 지역상권을 활성화할 뿐 아니라 문화성, 창의성, 공유가치, 커뮤니티 중심으로 변화하는 시장환경에서 성공할 수 있는 비결이다.

연희동 사러가 쇼핑센터

골목상권 성공소건 C READI 보델
성공힌 골목상권은 공통적으로 문화인쓰라(Culture), 임대료(Rent), 기업가정신(Entrepreneurship), 집근성(Access), 노시 디자인(Design), 정체성(Identity) 등 6가지 소건을 충족힌다. <골목긷 자본론, 보종린>

- 13 -

창의와 아이디어 발상

1. 창조는 어떻게 만들어지는가?

2. 아이디어의 3가지 사고영역

- 수직적 사고
  - 사물을 보고 생각하는 데 있어 고정관념을 가지고 판단하려는 사고
- 수평적 사고
  - 전통적 고정관념을 탈피하여 사고의 중심을 수평으로 이동하면서 다각적으로 생각하는 사고
- 입체적 사고
  - 수직적 사고와 수평적 사고를 결합한 사고

수직적 사고 + 수평적 사고 = 입체적 사고

3. 수평적 사고와 수직적 사고

수평적 사고와 수직적 사고의 특징

수평적 사고	수직적 사고
직감적, 상상적 사고	논리적, 관습적 사고
유연하고 엉뚱한 사고	냉철하고 정직한 사고
새 길을 만들어가는 사고	있는 길을 따라가는 사고
이 파일 저 파일을 자유롭게 옮겨 다니는 사고	같은 파일 내에만 머무르는 사고
좌우의 사고	상하의 사고
예술가의 사고	판사의 사고
전통적 고정관념을 탈피하여 사고의 중심을 수평으로 이동하면서 다각적으로 생각하는 사고	사물을 보고 생각하는 데 있어 고정관념을 가지고 판단하려는 사고

4. 창의란 무엇인가

- **기발하고 독특한 새로운 무언가를 창조하고, 이를 현실에 맞게 구체화시키는 것**
- **일상생활의 아주 작은 것이라도 개선시키기 위한 개선방안을 모색하고 이를 현실에서 구체화시키는 것**
  - 사소한 것이라도 관찰하고, 생각함으로써 무엇이 문제인지 찾아내고 다르게 생각하고 느끼는 능력이 요구됨
- **무(無) 또는 기존의 자료나 지식에서 새로운 것을 발견하고, 새로운 것을 만들어 내고, 산출하는 것을 의미**

$-\infty \longleftrightarrow +\infty$

이제까지 없었던 것을 새로 만들어내는 일

5. 창의성의 3가지 구성요소

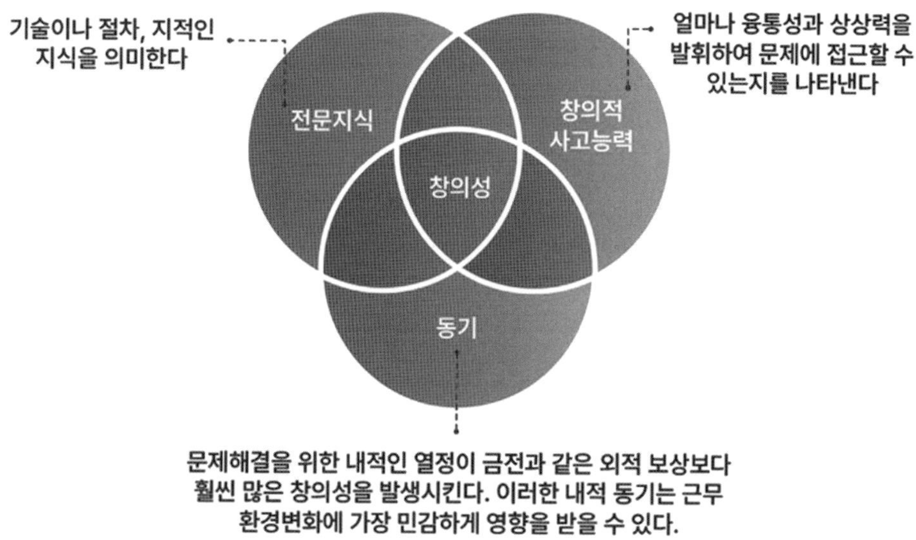

- 19 -

6. 세상을 변화시킨 6단계 창조전략

데이비드 코드 머레이(David Kord Murray)의 저서 '바로잉'

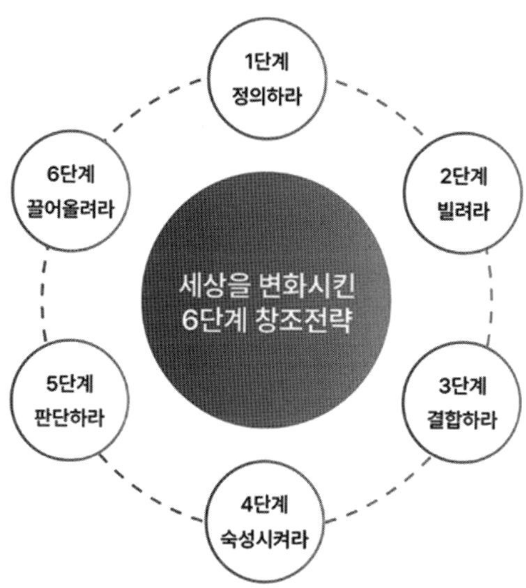

- 20 -

7. 창의적 사고 (1)

□ 창의력의 첫 번째 원리 : 조합하는 능력

o 기존의 것들을 새롭게 조합하는 능력
o 조합하되 새로운 조합이어야 함

□ 창의력의 두 번째 원리 : 발견하는 능력

o 새로운 조합을 만들기 위해서는 수평적 사고를 통해 사물들의 숨어 있는 연관성을 발견해내야 함
o 수평적 사고 : 아무런 연관이 없어 보이는 것들을 연관시켜 보고, 그 속에서 유의미한 관계를 발견해 내는 사고

□ 창의성의 기준

낯설음과 공감대 : 너무 멀지도 너무 가깝지도 않아야 한다

- 21 -

7. 창의적 사고 (2)

□ 다르게 생각하기

o 발견은 남들과 똑같이 보고도 다르게 생각하는 데서 이루어진다
o 기존 방법과 다르게, 경쟁자와 다르게, 고객의 예상과 다르게
o 비유 : 어떤 현상이나 사물을 효과적으로 표현하기 위해 그것과 비슷한 다른 사물에 빗대어 표현하는 방법
- 비유는 인간이 가진 가장 창조적인 능력
- 비유적 사고의 핵심 = 유사성
- 하나의 개념을 통해 다른 개념을 쉽게 이해하고 전달할 수 있도록 도와줌

o 고점관념 깨기 : "모든 창조 행위는 파괴행위에서 시작한다"(피카소)
o 상상하기 : 생각을 자유롭게 풀어놓기
o 관점 바꾸기 : 똑같은 사물이라도 어떤 관점에서 보느냐에 따라 엄청난 차이가 발생

- 22 -

8. 창의적 사고를 방해하는 요인

방해요인	설 명
심리적 타성	• 관습적인 사고가 혁신적인 접근을 방해한다. • 자신의 지식과 경험 안에서만 해결책을 찾는다.
잘못된 문제정의	• 문제의 본질과 무한한 목표를 설정한다. • 다양한 관점에서 문제를 검토하지 않는다.
다학제적 지식 부족	• 많은 문제가 여러 분야의 다학제 지식을 요구한다. • 방대한 양의 전문지식을 제대로 활용하지 못한다.
모순회피	• 문제에 숨겨진 모순을 찾지 못한다. • 모순에 직면했을 때 회피하는 경향이 있다. • 단편적인 절충안으로 쉽게 해결하려는 경향이 있다.

9. 확산적 사고와 수렴적 사고 (1)

● **확산적 사고(divergent thinking)**

- 고정관념에서 벗어나 자유로운 발상을 통해 다양한 아이디어를 도출하는 것
- 고정관념을 탈피하는데 도움을 줌
- '발산적 사고' 또는 '생성적 사고' 라고도 함

● **수렴적 사고(convergent thinking)**

- 확산적 사고를 통해 도출된 다양한 아이디어를 분류하거나 수정, 분석, 평가하여 가장 적합한 아이디어를 선택하는 것
- '비판적 사고' 또는 '초점적 사고'라고도 함

9. 확산적 사고와 수렴적 사고 (2)

확산적 사고와 수렴적 사고의 특징

구 분	확산적 사고	수렴적 사고
형 식	즉석적, 비공식적, 무작위적	체계적, 공식적, 초점화
사고형태	문제로부터 다소 벗어난 사고도 가능	문제에 집중하여 사고
연속여부	비연속적	연속적
의식성	무의식적	의식적
수 량	많을수록 좋음	가장 적합한 하나를 선택
두뇌형태	우뇌활동과 유사함	좌뇌활동과 유사함
해석적	여러 개의 아이디어 추구	제안된 아이디어의 심층 분석

※ 출처 : 김대수(2016) 창의공학설계, 161쪽

아이디어 발상법

1. 아이디어 발상법 (1)

좋은 아이디어를 발상하기 위해서는 발상의 목적과 의도를 명확히 정의해야만 비로소 문제에 대한 해결방법과 목표를 달성할 수 있다.

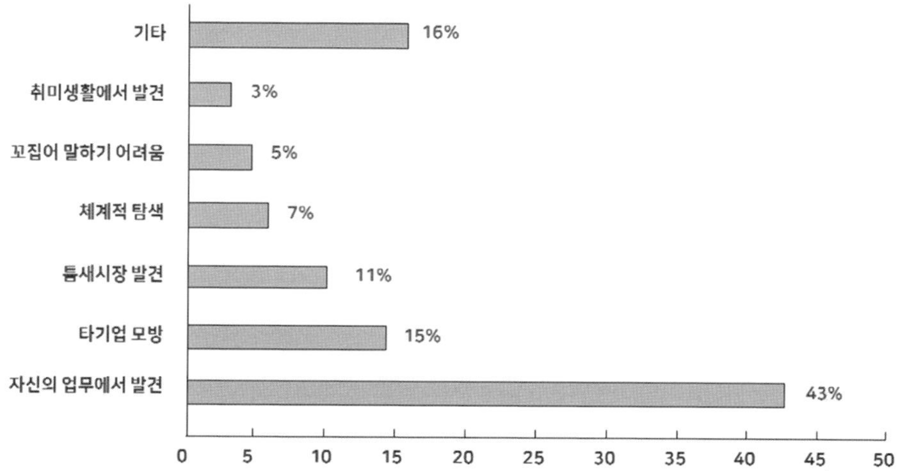

※ 출처 : J. Case, "The Origins of Entrepreneurship," Inc. Magazine, June 1989, 54.

1. 아이디어 발상법 (2)

자신에게 맞는

아이디어 발상법을

익히자.

IBM직원 5만2000명 온라인 브레인스토밍

전세계 32만명에 달하는 IBM 직원 중 5만2000여명이 온라인상에서 브레인스토밍(여러명이 연상기법으로 토론에 참여하는 회의)에 참여하는 사상 유례없는 행사가 펼쳐졌다. '월드잼(WorldJam)'이라 불린 이 행사에서 지난주 나흘간 6000여건의 제안이 쏟아졌으며 직원간 정보를 공유함으로써 조직과 개인을 위한 지식경영을 구현했다는 평가를 받고 있다.

월드잼에서 제시한 주제는 ▲훌륭한

10개 주제로 '월드잼' 행사

나흘간 6000건 제안 쏟아져

'비즈니스계 우드스탁' 평가

인재를 확보할 수 있는 방법 ▲제품의 질을 희생시키지 않으면서 일처리 속도를 높일 수 있는 방법 ▲가정과 직장 사이에서 긴장관계 해소방법 등 크게 10여가지다.

이에 대해 직원들이 올린 제안 중에는 회사 조직이나 일상생활 속에서의 문제 해결에 도움이 될 수 있는 내용들이 대부분이다. 이를 테면 회사내 직업 박람회를 열어 자신에게 맞는 부서를 찾아가도록 하자는 의견부터 가정과 직장과의 일의 우선을 잘 선택하려면 스티븐 코이의 베스트셀러를 참조하라는 충고까지 다양했다.

지금까지 각 기업체는 인트라넷을 두고 정보공유를 해오고 있지만 소재가 한정돼 같은 부서나 사업장끼리만 이루어졌을 뿐 광범위한 주제를 가지고 대단위 조직까지 확대하기는 이번이 처음이라는 지적이다. 온라인 커뮤니티와 지식경영을 연구하는 뉴욕 바색스사 회장 조너선 스피라는 28일 뉴욕타임스와의 인터뷰에서 "이번 시도는 '비즈니스계의 우드스탁(60년대를 대표하는 록페스티벌)'이나 다름없다"고 평가하고 "정부조직이나 여타 기업에도 적용될 수 있을 것"이라고 말했다.

/호경업기자 ho3840@munhwa.co.kr

1. 아이디어 발상법 (3)

기록하는 습관을 가지자.

2001년 5월 8일 화요일 문화일보

MD 월드피플

'제2의 에디슨'이었나 약아빠진 장사치였나

美기업들, 레멜슨 유족과 법정싸움
"개념수준 기술아이디어로 특허선점
관련제품 出시때 거액 로얄티 챙겨"

'그는 위대한 발명가였나, 아니면 제도적 허점을 파고든 장사꾼이었나.'

바코드, 워크맨, 비디오재생기, 팩시밀리, 컴코더, 산업용 로봇, 반도체…. 인류생활을 풍요롭게 만들어준 이런 물건들을 논할 때 늘 거론되는 사람이 제롬 레멜슨(사진)이다. 레멜슨이 이런 기기들에 필수적인 기술특허권을 모조리 소유하고 있기 때문이다.

지난 97년 74세의 나이로 세상을 뜬 미국인 레멜슨이 보유한 특허권은 무려 558건에 이르며 그동안 포드, 보잉, IBM 등 750여 기업이 그에게 지불한 기술사용료만 15억달러(약 1조9500억원)에 이르는 것으로 추산되고 있다. 미국 MIT대학 등 몇몇 대학에서는 그의 이름을 딴 발명강좌가 개설돼 있을 정도로 미국 시민들에겐 '제2의 에디슨'으로 추앙받고 있다.

하지만 최근 들어 그와의 법정싸움에 지친 기업들을 중심으로 그의 업적이 지나치게 미화돼 있다는 비판이 거세지고 있다. 그에 대한 비판의 초점은 그가 실제로 어떤 기술을 발명했다기보다는 그리 어렵지 않게 생각해낼 수 있는 아이디어를 재빨리 특허 등록한 뒤 다른 기업들이 훗날 그와 관련한 제품을 실제로 내놓으면 소송을 걸어 돈을 뜯어냈다는 것이다.

대표적인 예가 공장의 생산공정을 비디오 화면으로 감독하는 기술. 지난 54년 레멜슨은 자동생산 라인 위에 비디오를 설치하면 사무실에 앉아서도 공장이 잘 돌아가는지 감독할 수 있을 것이라며 이에 대한 특허를 신청했다. 하지만 레멜슨은 다른 특허 때와 마찬가지로 그와 같은 개념만 특허를 냈을 뿐 이런 기술을 구체적으로 발전시키지는 않았고, 훗날 이와 비슷한 시스템을 실제 개발한 다른 기업들은 그에게 소송을 당해야만 했다. 이런 식으로 소송을 당한 기업은 수없이 많으며 5월 현재도 400여 기업이 그의 유족들과 지루한 법정싸움을 벌이고 있다. /양성욱기자 feelgood@munhwa.co.kr

1. 아이디어 발상법 (4)

매일경제 2004년 1월 7일 수요일

故이병철 회장은 지독한 메모狂
"사업은 단순히 돈버는 일 아닌 예술창작"

이창우 成大 명예교수 어록집 펴내

"세상에는 돈이 돈을 번다는 말이 유포되고 있지만 돈을 버는 것은 돈이나 권력이 아니라 사람인 것이다."

삼성 창업주인 고(故) 호암 이병철 회장(사진)은 지난 80년 전경련 강연에서 '인재'의 중요성을 역설했다. 호암은 당시 "세상의 많은 사람들은 사람이 기업을 경영한다는 이 소박한 원리를 잊고 있는 것 같다"며 "나는 내 일생을 통해 80%는 인재를 모으고 기르고 육성하는 데 시간을 보냈다"고 강조했다.

호암의 경영철학을 그의 어록 중심으로 엮어낸 '다시 이병철에게 배워라' (서울문화사)가 출간됐다.

저자는 68년부터 삼성그룹과 인연을 맺어 99년까지 삼성의 자문교수로 활동했던 성균관대 경영학부 이창우 명예교수. 이 교수는 호암과 나누었던 수많은 대화와 에피소드, 삼성의 전·현직 임직원들과의 인터뷰 등을 바탕으로 호암 특유의 경영철학을 되살려냈다.

호암은 사업을 단순히 돈 버는 일이 아닌 예술작품으로 여겼다고 저자는 회고한다. 그리고 그 '예술작품'을 일구는 데 있어 결단과 혜안을 중요시했다.

호암은 지난 70년 '특별 훈시'에서 "경영자에게 요구되는 자질과 능력의 첫째는 사업을 에워싼 모든 변혁과 위기에 대한 적절한 판단과 결단성 있는 대처능력"이라고 역설했다. 호암은 또 "눈앞의 이익과 효과에 구애받지 않는 대국의 통찰력, 내일을 개척하는 혜안이 중요하다"고 말했다고 저자인 이 교수는 전한다.

저자는 호암이 일하는 스타일이 바로 삼성의 스타일을 만들어냈다고 단언한다. 호암은 지독한 메모광이었다. 종이를 빼곡히 채워가며 메모를 했고, 수십 번도 더 점검하고 수정했다. 그런 철저함과 완벽함이 바로 삼성의 스타일로 자리를 잡았다는 것이다.

저자는 "삼성에서 면접할 때 이병철 씨 옆에 점쟁이가 있다면서요?"란 질문을 많이 받았다. 그때마다 이 교수는 "면접에 점쟁이가 있다는 말은 거짓말"이라고 잘라 말했다고 한다. 점쟁이가 아닌 각종 능력검사, 성격검사를 이용했다는 것이다. 저자는 "호암이 '사람 보는 법'에 관련된 책을 여러가지 구해 와서 이를 검토시켜 면접위원들의 교육용 교재에 포함시키기도 했다"고 밝혔다. 사업을 시작할 때 호암이 가장 중요하게 여긴 것은 시장성이었다고 저자는 말한다. 시장성을 따진 후에 자본력과 기술력 그리고 마지막으로 기업의 체질과 문화를 염두에 뒀다는 설명이다.

호암은 젊은 시절의 '허송세월'에 대해서도 말한 적이 있다고 한다. 호암은 그러나 "어떠한 인생에도 낭비라는 것은 있을 수 없다"고 강조했다고 한다.

"실업자가 10년 동안 낚시로 소일했다고 치자. 그 10년이 낭비였는지 아닌지. 그것은 10년 후에 그 사람이 무엇을 했느냐에 달려 있다." 이지철기자

1. 아이디어 발상법 (5)

아이디어 발상법이란 창의력과 상상력을 깨워 좋은 아이디어를 끄집어낼 수 있도록 하는 데 도움을 주는 훈련법이다.

브레인스토밍법	브레인라이팅법	SCAMPER기법
마인드맵	고든법	포스트잇 발상법
육색사고모자기법	PMI기법	속성열거법
형태분석법	강제결합법	트리즈

1. 아이디어 발상법 (6)

브레인스토밍

o 자유롭게 다양한 아이디어를 교환하는 회의 방식
o 테마설정 : 무엇에 대해 이야기 할 것인가? (명확하게)
o 참가자 설정 : 테마에 따라 다양한 관점을 반영할 수 있게
o 규 칙 : 비판금지(평가금지), 자유분방(황당한 아이디어 OK), 대량생산(질보다 양), 결합개선(아이디어의 결합)
o 진행자 역할 : 자유롭게 아이디어를 이야기할 수 있도록 유도 → 스트라이크 존 제시 → 기획방향 결정
o 기 록 : 요점정리 → 회의의 흐름에 맞게 핵심 기록 → 회의 전체를 한 눈에 볼 수 있도록 기록
o 진행이 잘 되지 않을 시 : 원점 회귀, 줌아웃, 반대로 생각하기, 회의

1. 아이디어 발상법 (7)

브레인스토밍 7가지 비밀 (디자인 회사 IDEO의 혁신적인 이노베이션)

o 초점을 명확히 한다

o 규칙을 만든다 – 많은 것을 찾아 나서라, 엉뚱한 아이디어를 격려하라, 시각화하라 등

o 아이디어에 번호를 매긴다 - 100가지 아이디어 만들기

o 때로는 단숨에 뛰어넘는다

o 아이디어를 사방에 기록한다 - 매직펜, 커다란 포스트잇, 종이 두루마리 등

o 워밍업 시간을 가진다 – 빨리 말하는 낱말놀이

- 팀이 이전에 함께 일한 적이 없었을 때
- 팀원 대부분이 브레인스토밍을 자주하지 않았을 때
- 필요하지만 관련 없는 쟁점 때문에 주의가 산만해졌을 때

O 바디스토밍를 실시한다 - 시각화, 촉각화 등 모델링

1. 아이디어 발상법 (8)

스캠퍼(SCAMPER) 기법

미국 광고회사 BBDO사의 최고경영자였던 오스본이 체크리스트법을 보완하여 발전시킨 방법이다. 사고영역을 일정하게 제시함으로써 구체적인 안이 도출될 수 있도록 유도한다.

구분	사고형태	주요내용	주요사례
S	Substitute(대체하기)	어떤 것을 대신 사용할 수 있을까?	인덕션, 지문인식, 네비게이션, 모바일티켓
C	Combine(결합하기)	유사한 것끼리 결합하면 어떨까?	카메라와 휴대폰, 지우개와 연필, 스팀다리미, 복합기, 포스트잇
A	Adapt(응용하기)	조건이나 목적에 맞게 수정할 수는 없을까?	전기방석, 전동칫솔
M	Modify-Magnify-Minify (수정·확대·축소하기)	색 모양, 형태 등을 크게, 강하게. 작게, 가볍게 바꿀 수는 없을까?	노트북, 발가락양말, 접이식침대, USB, 식기세척기
P	Put to other uses (용도 변경하기)	다른 용도로 사용할 수 없을까?	미용가위, 베이킹파우더, 황토팩
E	Eliminate(제거하기)	제거할 수는 없을까?	날개 없는 선풍기, 보조배터리
R	Rearrange-Reverse (재배치하기, 거꾸로하기)	형식, 순서, 구성을 바꾸거나 거꾸로 할 수는 없을까?	누드김밥

1. 아이디어 발상법 (9)

마인드맵 (Mind Map)

읽고, 생각하고, 분석하고, 기억하는 모든 것들을 이미지, 핵심단어, 색, 부호 등을 사용하여 마음의 지도를 그려나가는 방법

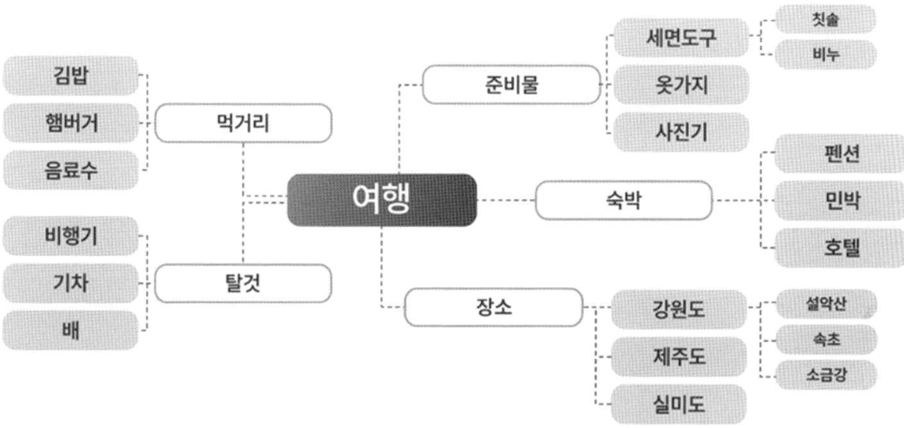

1. 아이디어 발상법 (10)

속성열거법

미국 네브라카 대학의 교수 로버트 크로포트(Robert Crawford)가 고안한 기법으로 주어진 문제의 속성(모양, 크기, 색깔, 특성 등)을 열거해 봄으로써 기존의 아이디어와는 다른 개념이나 원리를 색다르게 결합하거나 수정하여 새로운 아이디어를 산출해 내는 기법이다.

주어진 문제의 속성들을 찾아내고 이를 자세하게 열거한다. 그 다음 열거한 속성을 새로운 시각으로 결합하거나 수정해서 새로운 아이디어를 생성하고 이를 분석 및 평가하고 해결책의 실천 가능성을 판단한다.

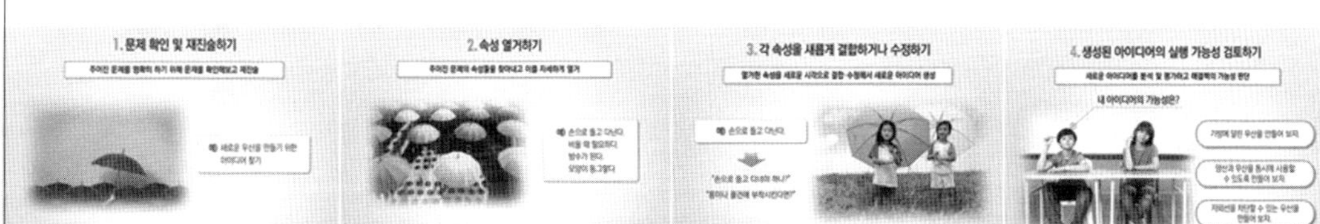

1. 아이디어 발상법 (11)

PMI기법 (Plus-Minus-Interesting Method)

P Plus(강점)	M Minus(약점)	I Interesting(흥미)
제시된 아이디어의 좋은 점	제시된 아이디어의 나쁜 점	제시된 아이디어와 관련하여 흥미롭게 생각되는 점
↓	↓	↓
좋은 점을 가능한 한 모두 열거	나쁜 점을 가능한 한 모두 열거	고려할 만한 가치가 있다고 생각하는 것들을 열거
생각을 바꾸어 그 아이디어가 괜찮다고 결론지을 수가 있음	불행하게 그 아이디어에 대해서 여전히 부정적으로 생각할 수 있음	다른 아이디어를 새로 생각해 낼 수 있음

1. 아이디어 발상법 (12)

강제결합법

강제결합법은 화이팅(Whiting)이 고안한 것으로 서로 관계가 없어 보이는 사물이나 아이디어를 강제로 연결해 봄으로써 새로운 아이디어를 생성하는 기법이다.
이 기법은 더 이상의 아이디어가 생성되지 않는 경우에 사용할 수 있다.
목록표 작성법, 카탈로그 기법, 임의의 강제결합법으로 구분할 수 있다.

- **목록표 작성법**은 해결해야 할 문제와 여러 사물이 기입된 목록표를 만든 뒤 사물을 목적에 맞게 연결하는 방법이다. 사물은 문제와 가급적 관련성이 없을수록 좋다.
- **카탈로그 기법**은 목록표 작성법과 유사하나 목록표 대신 카탈로그를 제시해 페이지를 무작위로 펼쳐서 나오는 사물을 이용한다는 점이 다르다.
- **임의의 강제결합법**은 문제의 진술이 필요하지는 않으며 무작위로 두 개의 사물을 골라 억지로 연결시켜 생각해 보는 것이다. 특히 강제결합법을 사용할 때는 브레인스토밍법과 마찬가지로 아무리 이상한 아이디어라도 받아들이고 비난하지 말아야 한다.

2. 아이디어 발상법 종합

구 분	특 징
브레인스토밍	비판금지, 자유분방, 질보다 양, 결합과 개선
강제연결법	서로 무관해 보이는 사물이나 단어를 강제로 결합
마인드맵	주요 개념을 서로 연결하여 지도를 그리듯 표현
스캠퍼	7가지 아이디어 변형기법
트리즈	매우 구조적인 창의적 문제해결이론(모순 개념, 발명원리, 분리원리)
브레인라이팅	떠오른 아이디어를 종이에 써서 제안
시네틱스	서로 관련이 없는 요소 간의 결합
수평적사고	비전통적이고 비논리적인 방법으로 해결 모색
수렴적 / 발산적 연쇄 질문	문제 범위를 점점 좁히거나 넓혀서 문제의 배경을 찾는 방법으로 전자는 원인 전개, 후자는 목적 전개

- 39 -

3. 눈에 보이는 발상 포인트

01 품질을 향상시키는 아이디어

02 재료를 절약하는 아이디어

03 대인관계를 좋게 하는 아이디어

04 모양을 바꿔보는 아이디어

05 포장을 아름답게 하는 아이디어

06 값싸게 생산하는 아이디어

07 광고 방식의 새로운 아이디어

- 40 -

4. 아이디어의 상품화 단계

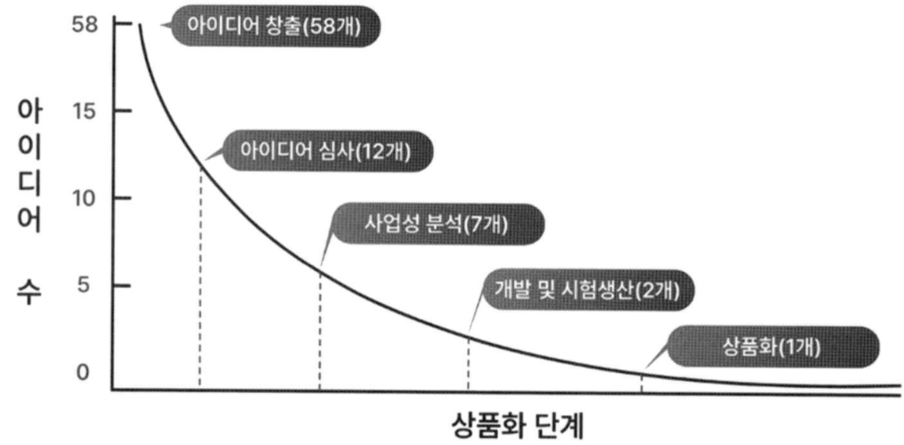

참고자료 : Booz Allen&Hamilton

5. 아이디어의 사업화 과정

- 아이디어 발견단계
- → 예비선별 단계
- → 시장분석 단계
- → 기술분석 단계
- → 사업분석 단계
- → 사업타당성 분석
- → 사업계획서 작성
- → 사업화

아이디어 플랫폼

1. 아이디어 플랫폼(Idea Platform)이란

아이디어는 있지만 원하는 제품을 만들기 어려운 경우,
또는 제품을 만들 수 는 있지만 어떻게 판매해야
하는지를 모르는 경우에 아이디어를 구체화시키고,
이를 제품으로 구현해 주는 역할을 담당한다.

2. 텀블벅 (tumblbug.com)

영화, 음악, 미술, 출판, 건축, 사진, 디자인, 테크놀로지, 게임, 요리, 제조 등 창조적인 분야를 총망라하는 크라우드펀딩 플랫폼으로, 자금이 부족해 아이디어를 완성시키지 못하는 개인이나 단체가 아이디어를 공개하고 일반인의 후원을 받을 수 있도록 하고 있음

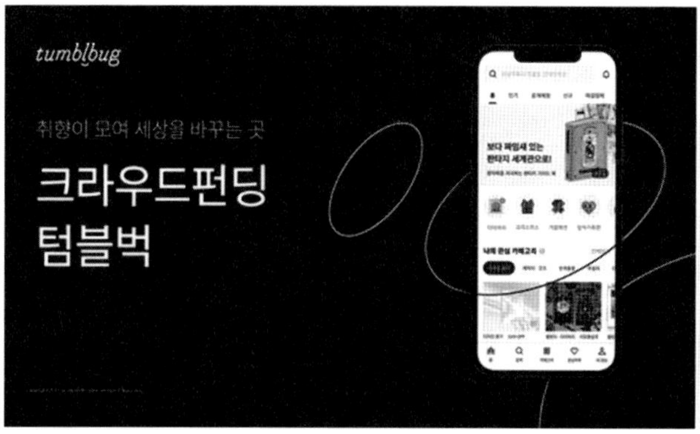

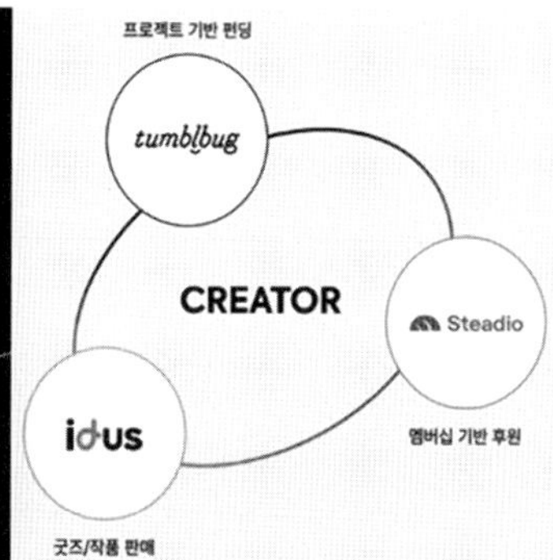

3. 와디즈 (www.wadiz.kr)

리워드형 크라우드펀딩뿐만 아니라 투자형 펀딩부터 직접 투자까지 가능한 크라우드펀딩 플랫폼
현재 규모, 프로젝트 건수, 중개 금액 면에서 대한민국 최대의 크라우드펀딩 기업

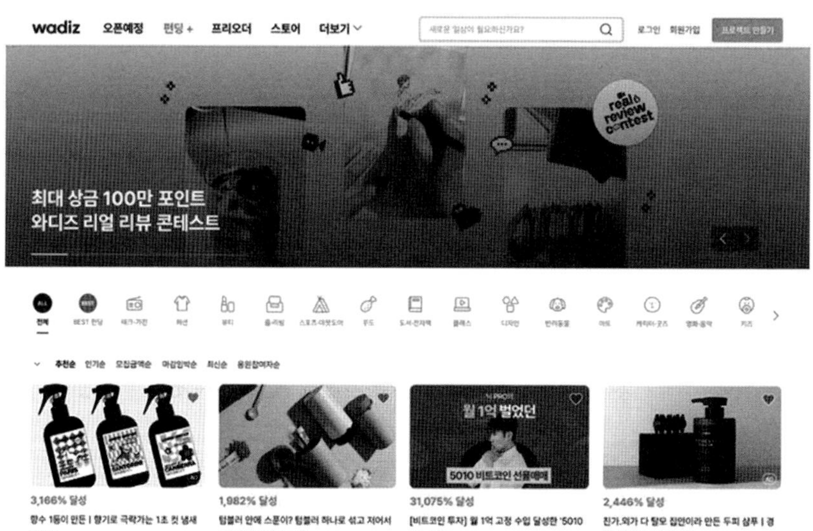

4. 아이디어로 (www.idearo.kr)

아이디어를 사고, 팔고, 나누는 전 국민 개방혁신 플랫폼이다. 우수 아이디어를 가진 사람과 이를 필요로 하는 사람의 아이디어 직거래를 통해 소비자 중심의 기술혁신을 촉진하는 한편, 아이디어에 대한 정당한 보상이 이루어지도록 하여 산업 발전 및 혁신성장의 선순환 체계를 구축하고자 함

5. 아이디어 오디션 (www.ideaaudition.com)

상품 컨셉, 디자인 구축부터 시제품 제작, 금형 제작, 양산까지 제품 제조의 전공정을 함께하여 창업가들의 아이디어를 성공적으로 제품화 할 수 있게 도와주는 플랫폼

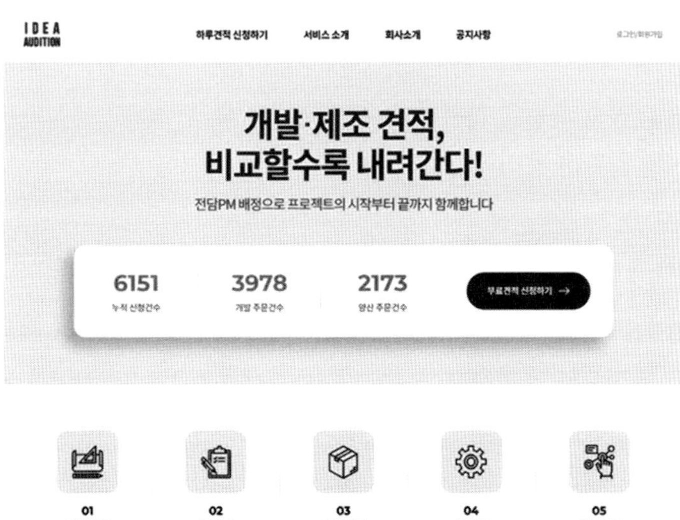

로컬콘텐츠 조사 및 시장분석법

1. 지역자원조사의 개념과 목적

- 지역자원조사의 개념
  - ✓ 지역의 다양한 자료를 체계적인 검토와 조사를 통해 획득하고, 과학적인 분석을 통해 검증하는 일련의 과정을 말한다.
  - ✓ 지역의 다양한 자원을 파악하기 위해 자료를 탐색, 설계, 분석하는 일련의 과정을 포괄하는 용어이다.
- 지역자원조사의 목적
  - ✓ 지역자원조사는 지역을 이해하는 기본과정으로, 지역이 가진 자원과 과제를 파악할 목적으로 진행된다.
  - ✓ 로컬의 잠재적인 가치를 창의적으로 기획하고, 새로운 아이디어를 생산하는 활동을 전개하는 기초자료로 활용된다.

2. 지역자원조사 유형

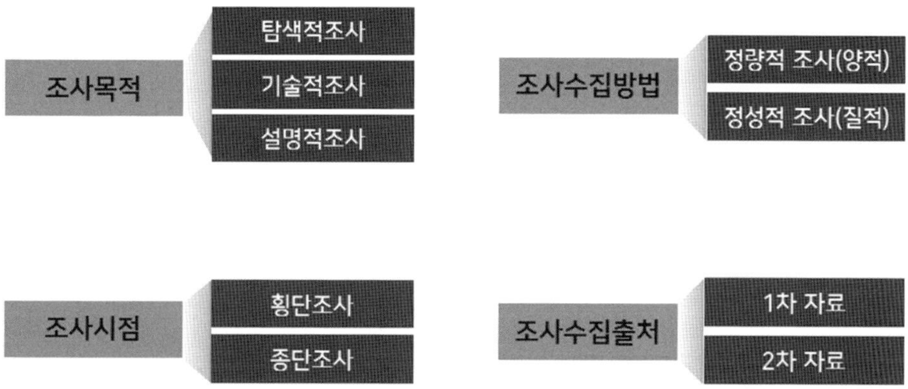

3. 지역자원조사 유형

1) 조사목적에 따른 분류

□ 새로운 주제를 탐구하기 위한 것 → 탐색적조사 (문헌조사, 경험자 조사 등)

- 조사하고자 하는 주제가 새로운 것이거나 그 주제에 대한 자료가 별로 없는 경우
- 구체적이고 정확하게 조사를 설계하고 실시하기 위해 필요한 정보를 얻는 데 사용

□ 사회현상을 기술하기 위한 것 → 기술적조사 (표본조사, 현장조사)

- 사회현상에 대한 기술을 목적으로 하거나 사회현상에 대한 정보를 얻기 위해 실시하는 조사

□ 어떤 현상의 원인을 설명하기 위한 것 → 설명적조사 (실험설계)

- 연구자가 어떤 상황에 대해 이미 알고 있거나 그 상황에 대해 기술하고 있는 자료를 충분히 가지고 있을 때, 왜 그런 상황들이 일어나고 있는가에 관해 관심을 가지며 사실과의 인과관계를 규명하고자 할 때 사용

3. 지역자원조사 유형

2) 조사시점에 따른 분류

□ 횡단조사

- 한 시점에서 연구대상을 관찰하는 조사방법
- 상이한 특성을 가지고 있는 집단들 간의 측정치를 비교함으로써 차이를 규명하는 것이 목적

□ 종단조사

- 동일한 현상을 긴 기간 동안 관찰하는 연구방법으로 여러 시간에 걸쳐 어떤 사회현상을 조사하는 것
- 연구절차가 복잡하고 비용이 많이 들지만 시간 경과에 따라 연속적으로 자료수집을 통한 사회현상의 진행과정이나 변화 등을 연구

3. 지역자원조사 유형

3) 자료수집방법에 따른 분류

정량적조사(양적조사)	정성적조사(질적조사)
↓	↓
- 정밀한 통계적·수치적 측정 가능 - 분석을 위한 일관된 기반 제공 (일정 간격으로 조사를 반복할 수 있음) - 설문, 일지, 기업·정부통계자료 등	- 형식에 얽매이지 않고 유연하게 질문 - 조사대상·내용에 대한 깊은 이해 가능 - 피상적 내용에 대한 답변 획득 가능 - 소비자의 독창적 아이디어 획득 가능 - 현장진단조사, 심층대면면접, FGI 등
↓	↓
방대한 적용범위	심층적 탐구

※ 출처 : 한광식. (2017). 창업과 기업과 정신, 212쪽

3. 지역자원조사 유형

4) 자료수집출처에 따른 분류

□ 1차 자료

- 연구자가 연구의 목적 및 필요성에 맞게 정확한 정보를 얻을 수 있음

□ 2차 자료

- 정부나 조사기관의 간행물 및 통계자료, 학술지 발표논문, 기업체 자료, 신문기사 등 기존에 생성된 자료이므로 수집 비용, 시간, 인력이 적게 소요되는 장점

- 자료의 구성, 변수의 정의, 수집목적, 측정단위 등에서 현재 수행하는 조사와 일치하지 않을 수 있음

시장조사

1. 시장조사의 이점

1. 고객특성에 대한 정보를 제공하여, 명확한 표적시장 선정에 도움을 줌
2. 구매력(Purchasing Power)과 구매습관(Buying Habit)을 알려줌
3. 목표시장의 자금규모와 경제적 속성 등을 밝혀줌
4. 경쟁자에 대한 정보를 제공함
5. 사업운영에 영향을 미치는 외부환경에 대한 이해를 도와줌
6. 현재 그리고 미래 고객과의 커뮤니케이션을 제공함
7. 사업아이템의 리스크 최소화, 사업이 지닌 제반문제을 구체화함
8. 유사사업에 대한 벤치마킹

2. 시장조사 프로세스

- 조사문제의 설정
- 조사계획의 수립
- 설문작성 및 자료수집
- 조사결과 통계처리
- 조사분석 보고서 작성

3. 정성적 조사 – FGI (Focus Group Interview)

● 정성적 조사 - FGI(Focus Group Interview)

면접진행자가 소수의 응답자(1그룹당 6~8명)들을 한 장소에 모이게 한 다음 비체계적이고 자연스러운 분위기 속에서 조사목적과 관련된 대화를 유도하여 응답자들이 자유로운 의사를 표시하도록 하는 방법

신제품의 아이디어 도출, 소비자들의 제품구매 및 사용실태 이해, 본 조사 전의 설문지 작성을 위한 정보수집 목적 등으로 널리 활용

4. 고객니즈분석

● **제품수명주기별 고객특성**

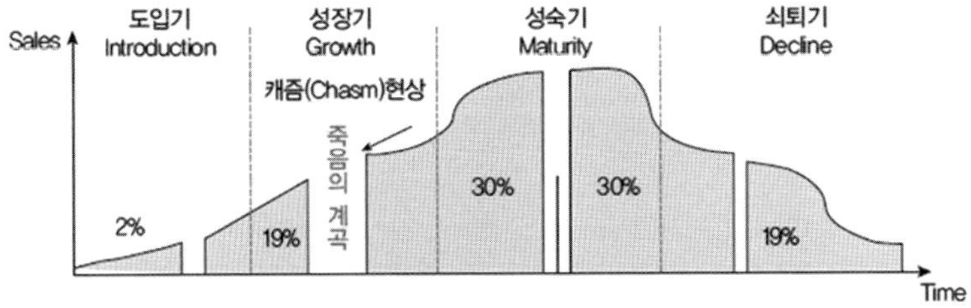

구분	도입기	성장기	성숙기	쇠퇴기
판매	낮다	급속성장	최대판매	감소
비용	높다	평균	낮다	낮다
이익	적자	증대	높다	감소
고객	혁신층	조기수용층	중간다수층	자연수용층
경쟁자	약간	점차 증대	점차 감소	감소

설문조사

1. 설문조사 방법

고객요구 조사를 위해 많이 활용되는 방법으로는, 다음과 같은 방법이 있음

구분	설문조사방법별 평가			
	면접조사	우편 설문조사	전화조사	FGI조사
표본의 대표성	높다	중간	높다	낮다
응답률	높다	낮다	중간	높다
질문서 길이	길다	길다	짧다	길다
질문서 난이도	어렵다	중간	쉽다	어렵다
응답의 성실성	높다	낮다	중간	높다
조사비용	높다	중간	낮다	높다
조사기간	길다	길다	짧다	중간

2. 설문지 문항 개발 시 유의사항

- 응답자들이 전문용어를 이해하리라 가정해서는 안 됨
- 선택형 질문에 대한 모든 가능한 응답을 제시해야 함
- 한 질문에 두 가지 내용을 질문하지 말 것
- 조사자 임의로 가정하지 말 것
- 유도하는 질문을 하지 말 것
- 너무 자세한 질문을 하지 말 것
- 대답하기 곤란한 질문은 간접적으로 물어 볼 것
- 선택형 질문의 경우 응답 항목 간 중복되지 않도록 할 것

시장분석법

1. 분석결과 검증 시 고려사항

구분	주요 확인 요소
추출자료의 적합성 검토	• 관련성: 지역자원분석에 필요한 관련 자료를 충분히 수집하였는가? • 포괄성: 지역자원분석 관련 다양한 자료를 활용하였는가? • 신뢰성: 객관적인 지역자원 자료를 활용하였는가?
분석결과 타당성 검증	• 지역이해: 지역과 지역자원에 대해 충분히 이해하였는가? • 시장이해: 지역 내 형성된 사업분야의 이해가 충분한가? • 지역자원활용: 지역의 특색을 충분히 반영하였는가? • 가치창출: 지역경제 활성화 기여가 가능한가?

2. 자료분석의 절차 및 과정

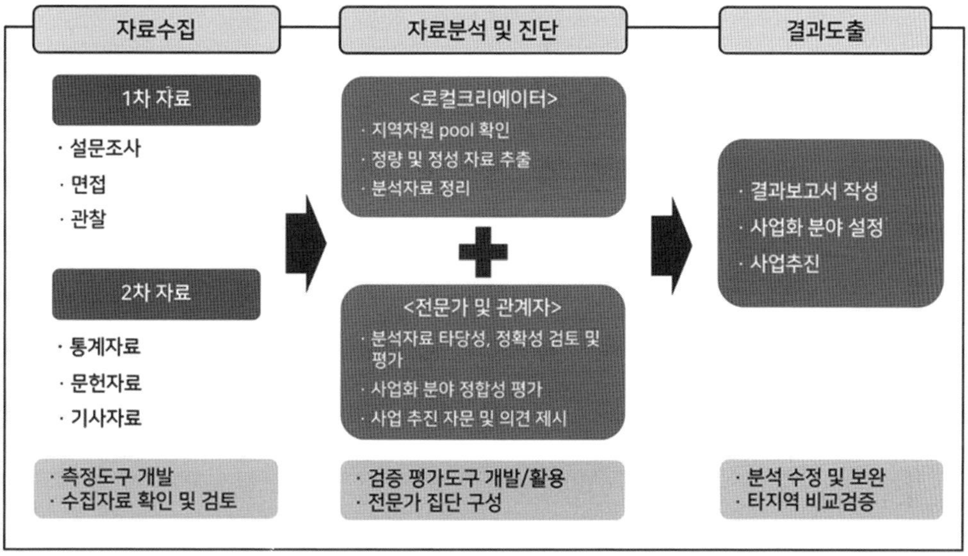

3. 자료분석 결과의 타당성 검증 요소

검토영역	하위항목	세부 검증 요소
지역이해	지역정책	• 지역 특화분야 검토 반영 정도 • 관련 사업의 법 및 제도 검토 반영 정도 • 지역 내 산업 인프라(인적/물적) 검토 반영 정도
	지역인프라	• 지역 내 공간, 생활 특성 검토 반영 정도 • 창업 관련 인프라 정보 검토 반영 정도 • 창업지원 관련 프로그램 검토 반영 정도
시장이해	접근성	• 지역 내 창업현황 검토 반영 정도 • 사업 진출 가능성/여건 검토 반영 정도
	차별성	• 지역 내/인근지역 유사기업 현황 검토 반영 정도 • 지역 환경 및 생활 변화(트렌드) 검토 반영 정도
지역자원활용	구체성	• 지역자원 연계 및 활용 방안의 구체성(정성) • 지역 창업지원기관 협력방안의 구체성(정성)
가치창출	활용성	• 지역경제 활성화 기여방안의 구체성(정성) • 사업의 확대방안 및 발전방안의 구체성(정성)

4. 결과보고서 작성

- 서론: 지역자원조사의 필요성, 목적, 범위, 방법, 의의, 중요성 등을 중심으로 작성
- 본론: 조사 내용(현황, 특징, 주목할 점 등)을 분석하고 샘플, 사진 등의 자료를 포함시킴
- 결론: 전체 내용 요약, 해결책 제시, 콘텐츠의 향후 개발 및 제작 방안

❖ 보고서 작성 기본원칙

작성 전에 충분히 구상할 것 + 정확하고 명확한 문장 사용 + 표, 그림 적절한 예시 제시

- 조사보고서의 유형 : 탐색적 조사보고서 / 기술적 조사보고서
  설명적 조사보고서 / 제안적 조사보고서

- 조사보고서의 작성기준 : 포괄성 + 정확성 + 명확성 +효율성

아이템 발굴

1. 지역자원 아이템 발굴

- 로컬크리에이터 7가지 유형

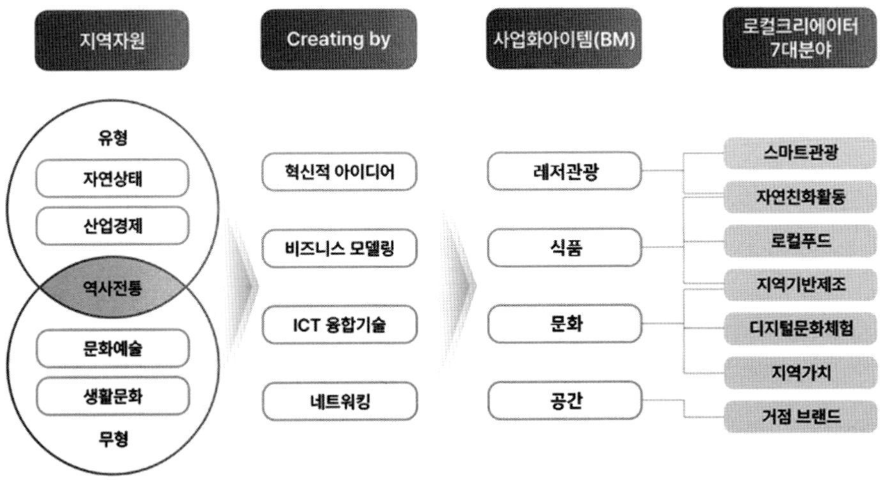

※ 출처 : 이창영 외(2020). 로컬크리에이터 활성화 지원방안 마련

2. 사업화 아이템 선정의 기본체계

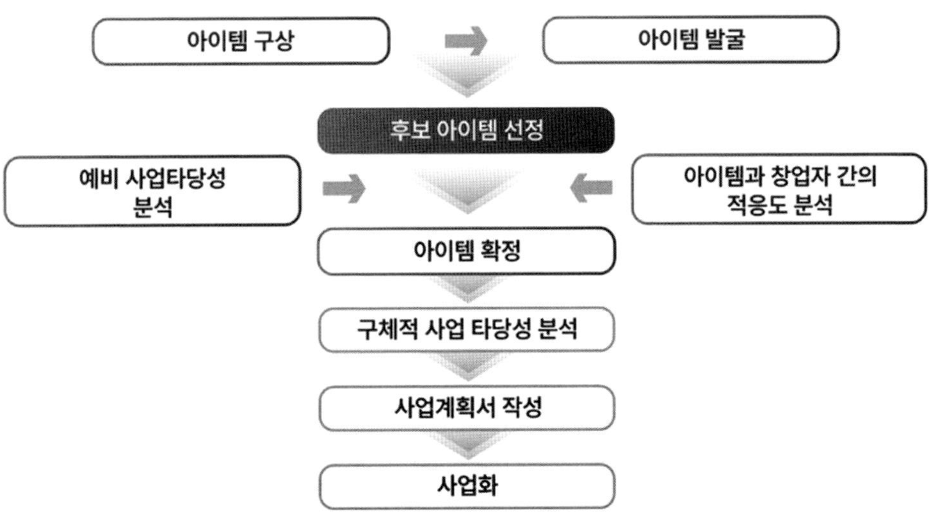

3. 아이템 선정 준비 (1)

- **트렌드 관련 도서를 통한 아이템 발견**
  - 사회변화나 트렌드와 관련된 도서를 활용하면 시장에서의 흐름 파악과 새로운 트렌드와 변화를 예측하고 준비하는데 많은 도움이 됨

3. 아이템 선정 준비 (2)

- **리빙랩(Living Lab)을 활용한 아이템 발견**
  - 리빙랩은 '우리 마을 실험실', '살아있는 실험실', '일상생활 실험실'이라는 뜻으로, 특정지역의 생활공간을 설정하고 공공-민간-시민 협력을 통해 문제를 해결하는 수단이자 방식을 의미
  - 지역문제 해결과 이를 통한 지속가능한 개발 이슈에 유연하게 대응할 수 있기 때문에 유용하게 지역자원 아이템을 발견할 수 있음

❖ 건너유 리빙랩 프로젝트

사물인터넷(IoT)을 이용해 시민들이 자주 이용하는 다리의 하천범람을 실시간으로 확인할 수 있는 서비스

리빙랩 성공조건
첫째는 거뮤니티.
둘째는 거뮤니티가 가지고 있는 경험
셋째는 자원(네트워크, 예산, 기술력 등)

출처 : https://brunch.co.kr/@mr1000/13

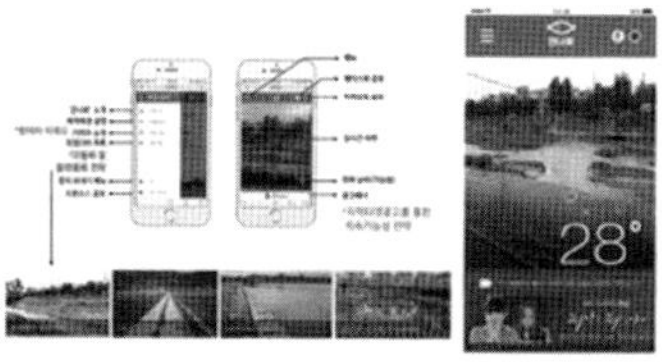

3. 아이템 선정 준비 (3)

- **빅데이터를 활용한 아이템 발견**
  - 썸트렌드, 네이버 데이터랩, 구글 트렌드, 데이터플레닛 등과 같은 데이터 분석 사이트를 활용하면 트렌드 분석에 도움이 됨
  - 빅데이터 분석 사이트는 다양한 기준으로 연관 키워드를 조회하여 사업화하고 싶은 주제에서 잠재 고객이 찾을 만한 키워드를 발견할 수 있음

그림 2-12 썸트렌드를 활용한 아이템 발견

그림 2-15 네이버 데이터랩을 활용한 아이템 발견

4. 사업화 아이템 정보수집 방법

- 사업자 및 경험자 면담을 통해 정보를 습득한다.
- 재래시장, 도매시장, 백화점, 농수산물도매시장, 전자상가 등에서 정보를 습득한다.
- 지방이나 해외여행을 통해 정보를 습득한다.
- 신문, 인터넷, TV, 잡지를 통해 정보를 습득한다.
- 창업지원기관을 통해 정보를 습득한다.
- 동창, 친구, 전 근무지 등 인맥을 통해 정보를 습득한다.
- 일본이나 미국 등에서 유망했던 아이템을 조사한다.
- 해당 분야의 전문가와 상의하고 전문가들의 평가를 통해 정보를 습득한다.
- 사업아이디어를 주변사람들에게 구하고 의견을 통해 정보를 습득한다.
- 시장의 흐름이 어떤 종목에 유리한 방향으로 전개되는가를 파악한다.

5. *TOMS* - 사익과 공익의 만남

출처 : TOMS 홈페이지

6. 아이템 선정 시 고려사항 (1)

1) 적절한 규모의 시장 형성 아이템 선택

- 지역자원 아이템이 시장에서 경쟁력을 잃고 사라지고 있지는 않은지 살펴 보고, 시장에서 계속 성장하고 발전 가능성이 있는 아이템을 선정해야 함

● 시장 평가 체크리스트 (2개 이상 충족하는 것이 좋음)

항 목	내 용
문제의 범위	해결하려는 문제가 얼마나 많은 사람들에게 필요한 것인가?
문제의 심각성	문제 해결을 위해서 사람들이 방법을 가리지 않고 사용하려고 할 정도의 문제인가?
문제의 성장성	매년 성장 가능한 시장인가?
문제의 수익성	구매력이 있는 사람이 있는 시장인가?
문제의 빈도	얼마나 자주 많은 사람들에게 발생하는 문제인가?

6. 아이템 선정 시 고려사항 (2)

2) 경쟁우위의 아이템 선택

- 아이디어가 다른 경쟁자보다 어떤 부분이 더 나은지 정확히 정의를 내릴 수 있어야 함

● 경쟁우위 평가 체크리스트

항 목	내 용
가 격	경쟁력 있는 가격으로 생산 가능한가?
마케팅	고객을 빠르게 큰 투자비용 없이 모을 수 있는 방법이 있는가?
진입장벽	특허, 기술력 등 경쟁사 진입을 막을 수 있는 높은 장벽을 가지고 있는가?

6. 아이템 선정 시 고려사항 (3)

3) 경험이나 특징을 활용할 수 있는 아이템 선택

- 남들이 잘 된다고 자신의 경험과 전혀 다른 업종에 뛰어들고 있지는 않은지 살펴보고, 자신의 경험이나 특징을 잘 살릴 수 있는지 확인해야 함

4) 실행가능성 있는 아이템 선택

- 아이템이 정부나 지방자치단체장의 허가나, 인가를 받아야 할 수 있는 업종인지 아닌지 사전에 확인해야 함

7. 지역자원 아이템 선정기준

구 분	검토사항	구 분	검토사항
적성·능력의 적합 여부	· 해당 업종에 자신감이 있는가? · 자신의 선천적 적성, 성격에 맞는가? · 자신의 건강, 능력에 맞는가? · 해당 업종 경험 또는 사업수행능력, 지식이 있는가? · 자금 조달 능력은 양호한가?	상품성	· 고객입장에서 가격에 비해 유용한 상품인가? · 고객에게 인기도, 경쟁력은? · 영업 및 A/S 가능 여부 · 상품조달 및 공급용이성 여부 · 상품관련 기술을 터득하여 개선할 수 있는가?
시장성	· 입지가 해당 업종에 적합한가? · 업종의 발전단계가 도입기 또는 성장기 업종인가? · 해당 업종의 시장규모가 커지고 있는가? · 시장의 경쟁 현황과 전망은 양호한가? · 투자 비용에 비해 수익 전망은 양호한가?	위험요소	· 해당 업종 인·허가 문제에서 미비점은 없는가? · 경쟁업체, 거래업체와의 분쟁소지는 없는가? · 내적 요소(종업원, 상품조달, 반품 등)에서 문제의 소지는 없는가? · 추후에 원활한 자금조달이 가능한가?
수익성	· 손익분기점은 얼마인가?, 언제인가? · 일반금리보다 수익성이 좋은가? · 2~3년 내에 흑자 실현이 가능한가? · 인테리어공사비 등 고정비가 권리금화에 유리한가?	기타사항	· 면허·허가·등록 유무 확인 · 위법성 업종 여부 확인 · 세무문제가 복잡하고 자료처리가 어려운 업종은 아닌가? · 흔하고, 창업이 쉬운 업종은 아닌가?

출처 : 한광식(2019). 창의적 아이디어와 아이디어 발상법. 94~95쪽 재구성

8. 성공가능성이 높은 업종

- 자본규모에 맞는 아이템
- 점포가 확보된 경우에는 입지에 맞는 아이템
- 도입기나 성장 초반기의 업종
- 자신이나 주변 사람들과 연관이 있는 업종
- 투자대비 수익성이 좋은 업종
- 자금과 상품회전율이 높은 업종
- 유행아이템보다는 유망아이템
- 자신의 전문지식, 경력, 적성을 활용할 수 있는 아이템
- 사회적인 필요에 부응하여 경기 변화에 능동적으로 대처할 수 있는 업종

9. 가급적 피해야 할 업종

- PLC(Product Life Cycle)가 짧은 업종
- 고정비 투자가 크고 이익회수 시기가 긴 업종
- 종업원이 많이 필요한 업종
- 이윤 폭이 적은 업종
- 대기업 또는 수입상품과의 경쟁업종

10. 외부환경분석을 활용한 아이템 선정기준

SWOT 분석의 구성요소

강점 (Strength) **S**	약점 (Weakness) **W**
기회 (Opportunity) **O**	위협 (Threat) **T**

11. 지역기반 로컬크리에이터 활성화 지원사업 평가지표 (중소벤처기업부)

평가지표	세부지표	주요내용
지역성	지역이해도	지역에 대한 이해 : 활용하는 지역과 자원에 대한 설명, 창업자의 지역특색 이해 수준
	자원활용도	자원활용의 참신성 및 지역사회 연계성 : 지역자원의 고유한 특성과 특색을 활용하는 사업모델, 지역자원의 구체적인 활용방안
	지역가치 창출가능성	지역 가치 창출 선략 : 지역 내 기업들과 지역민과 함께 상생할 수 있는 방안, 지역 내 방문객 유도 가능성 등 지역가치 창출가능성
		지역경제 활성화 기여도 : 지역 내 활용 자원 기반 지역경제 활성화 기여방안, 향후 실천계획
성장 가능성	문제인식	아이템의 개발동기 : 개발(제작)하고자 하는 제품·서비스를 착안하게 된 동기, 예상되는 지역경제에 대한 긍정적인 효과
		아이템의 목적(필요성) : 지역자원과 특색을 활용한 창업아이템을 구현하고자 하는 목적(필요성), 지역경제 발선에 기여 가능성
	실현가능성	아이템의 사업화 선략 : 창업아이템의목적(필요성)에대한다각적분석, 지역에맞춘구체적인 사업화선략
		아이템의 시장분석 및 경쟁력 확보 : 창업아이템의 지역 내·외 수요, 소비자 타게팅과 니즈의 차별화 선략, 지자체 연계방안
	성장전략	자금소요 및 조달계획 : 창업사업화 단계별 자금투입계획
		시장신입 및 성과창출 선략 : 시장신출(확장)을 위한 제품(서비스)의 포지셔닝 확인, 해당 산업군에 특화된 시장신출 및 판매선략(유통채널, 시기, 판매금액 등)
	팀 구성	대표자 및 팀원의 보유역량 : 창업아이템 개발(제작) 및 사업화와 관련하여 대표자와 팀원이 보유한 전문성 및 담당업무와의 적합성

스토리텔링

1. 스토리텔링의 예

강점(Strength)	약점(Weakness)
주방장이 조폭 출신이기 때문에 손맛이 좋다.	종업원이 조폭 식으로 인사한다.
기회(Opportunity)	**위협(Threat)**
아직은 조폭 컨셉으로 한 중국집이 없다.	조폭 이미지가 강해서 손님이 안 찾는다.

2. 스토리텔링이란?

- 스토리텔링(Storytelling)은 Story(이야기) + Tell(현장성) + ing(상호작용성)을 포함하는 개념으로, '이야기하기'라고 정의할 수 있음
- 스토리텔링은 19세기 후반 독일의 프리드리히 프레벨이 처음으로 유치원과정에서 이야기를 통해 어린이에게 지식을 전달하는데 활용되면서 큰 호응을 얻기 시작함

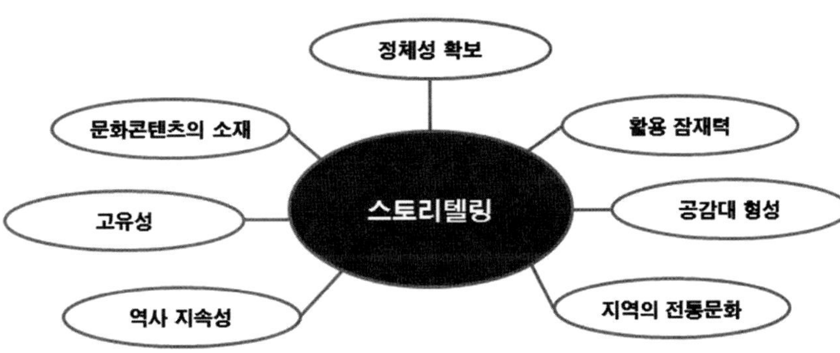

3. 스토리텔링의 핵심요소

효과적인 스토리텔링을 구축하기 위해서는 상황이나 목적에 따라 일반적인 스토리 구조를 벗어나 독특하고 재미있는 형태로 구성하여 매력적으로 느끼게 하는 것이 무엇보다 중요함

메시지	중심 테마	등장인물	스토리 전개 주체
갈등	스토리의 원동력	플롯	스토리의 전개과정

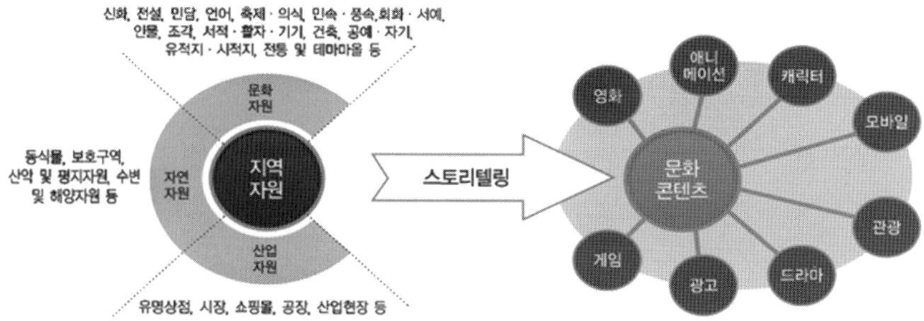

4. 스토리텔링의 활용범위

관광
- 테마파크
- 관광안내
- 관광상품
- 갤러리

엔터테인먼트
- 문화 · 만화
- 영화
- 드라마
- 게임
- 애니메이션

온라인 스토리텔링
- 포털의 댓글 저널리즘
- UCC를 활용한 창작과 재생산
- 블로그를 통한 생산과 확산

마케팅
- 광고
- 디자인
- 홈쇼핑

5. 스토리텔링을 활용한 지역마케팅

소비자에게 감성적으로 다가가 지역이나 지역특산물을 보다 친숙하고 친밀하게 느껴 마음에 들게 하는 커뮤니케이션 활동 전략을 의미함

- 지역 또는 브랜드와 연관된 '스토리 문화' 를 창출하고, 스토리텔링이 지닌 양방향성과 이슈의 파급력을 극대화하며, 급속한 유행변화에 따라 주도적인 트렌드의 이해가 필요함

지역자원 + 스토리텔링 = 강력한 브랜드 창출

타 지역과 차별화된 이미지를 구축하고 지역특산물의 가치를 높일 수 있는 지역발전의 핵심요소

강력한 브랜드 창출
- 제한된 예산으로 차별화된 마케팅 효과 창출
- OSMU형 브랜드 이미지 구축
- 소비자의 흥미와 친밀감 유도

● 스토리텔링 마케팅 전략

Intro	Trend	Research	Create	Design	Apply
Step 1	Step 2	Step 3	Step 4	Step 5	Step 6

6. 스토리텔링을 활용한 관광 활성화

● 관광스토리텔링의 개념

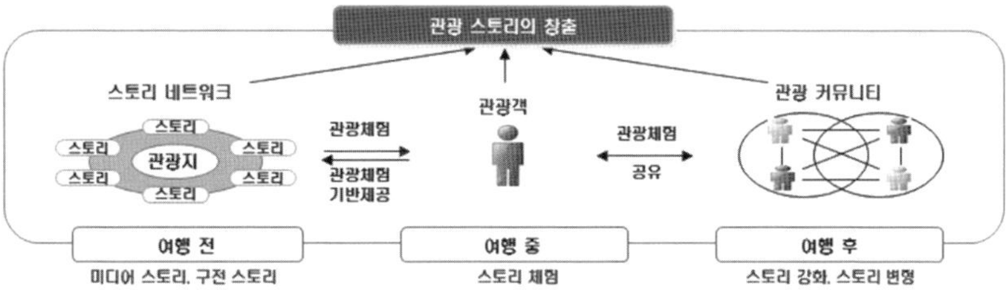

● 개발절차

스토리 발굴	목표설정	테마개발	스토리 전달
• 자원목록 작성 • 자원목록 서식작성 • 대표자원 조사 • 관광객 특성 파악	• 관광객 체험확대 • 홍보 확대 • 문화자원 보호 • 관광상품 다양화	• 관광객의 감성자극 • 관광지의 본질을 포착 • 지역사회의 독특한 규명 • 연계성에 의한 테마제시	• 관광가이드/표지판 • 공연/재현프로그램 • 축제/시청각 해설 • 멀티미디어쇼/인터넷 등

7. 스토리텔링 개발 프로세스 및 핵심스토리 만들기

- 스토리텔링 개발 프로세스

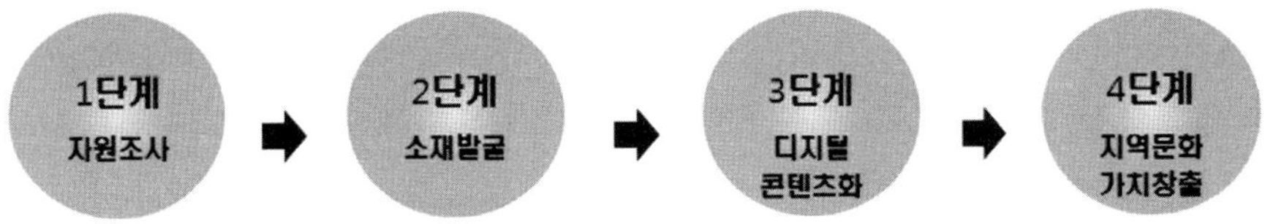

- 핵심스토리 만들기

8. 스토리텔링의 기대효과

- 스토리텔링은 디지털화, 글로벌화 할 수 있는 새로운 경쟁력의 수단임
- 특히, 창의적인 콘텐츠의 소재발굴과 이를 활용한 특화상품, 문화상품의 개발은 세계 속의 명품을 육성시킬 수 있는 계기가 될 수 있음

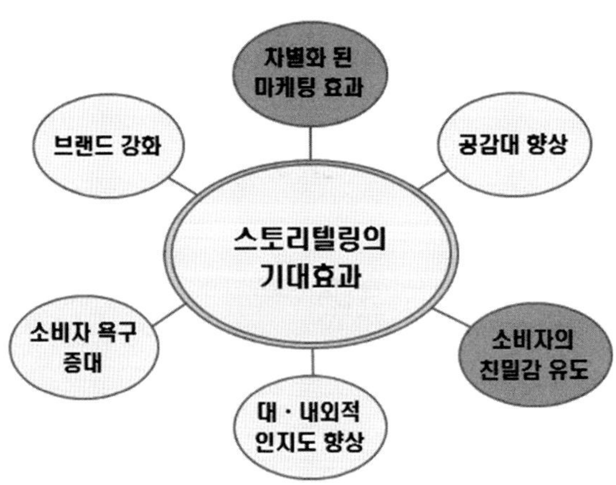

2 로컬콘텐츠 구체화

로컬콘텐츠 기획 프로세스

1. 기획이란 무엇인가 (1)

일반인 1,000명에게 물어봤습니다.

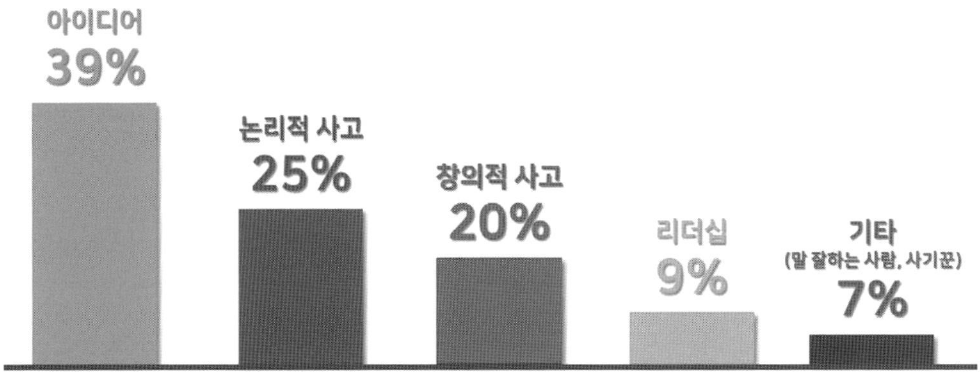

1. 기획이란 무엇인가 (2)

- **기 획** ← 일을 꾸미어 꾀함(국어사전)
- **企 劃** ← 도모할, 발 돋음할 "기"
그을 "획"
- **Planning** ←
  - the process of deciding in detail
  - how to do something
  - before you actually start to do it

1. 기획이란 무엇인가 (3)

- 눈에 보이지 않는 아이디어를 눈에 보이는 무엇으로 만들어 내는 과정
- 어떤 콘텐츠를 만들기 위한 사전 계획
- 콘텐츠를 만들 때 그에 대한 전체적인 윤곽을 짜는 것
- (고객의) 수요를 충족시키는 서비스업
- 설계도, 이정표

왜, 기획을 하는가? 목적성 문제해결

2. 기획의 3요소

기획의 3요소? 현실성/논리성/창의성

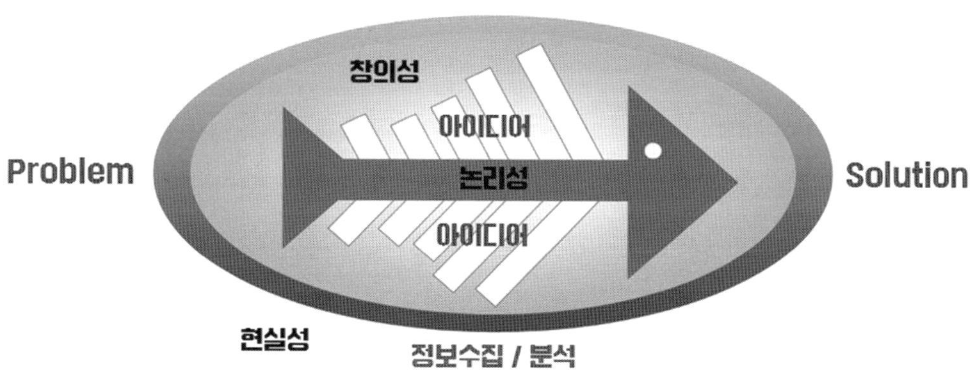

※ 아이디어는 기획이 아니다
기획은 다양한 아이디어가 유기적으로 통합되어 있는 것
기획은 특정한 조건(환경) 하에서 문제를 효과적으로 해결하기 위한 것

3. 좋은 기획이란

좋은 기획이란

문제설정
[현황 파악 / 명확한 과제 설정]

문제해결
[전문가적 지식 / 다양한 경험]

- 창의적일 것 (creative)
- 문제해결 지향적일 것 (problem solving)
- 설득력이 있을 것 (persuasion)
- 기획서 작성 3S : Simple / Smart / Speed

4. 기획 프로세스

아이디어에서 기획까지

아이디어 수집하기
아이디어 키우기
아이디어 짜내기

자유롭게 아이디어 발상
창의적 사고
브레인스토밍

기획안 작성
기획안 검증하기
기획안 프레젠테이션

아이디어 구체화
논리성, 실현가능성
기획서 완성

기획실행 : 스케쥴링

5. 기획의 기본요소 (1)

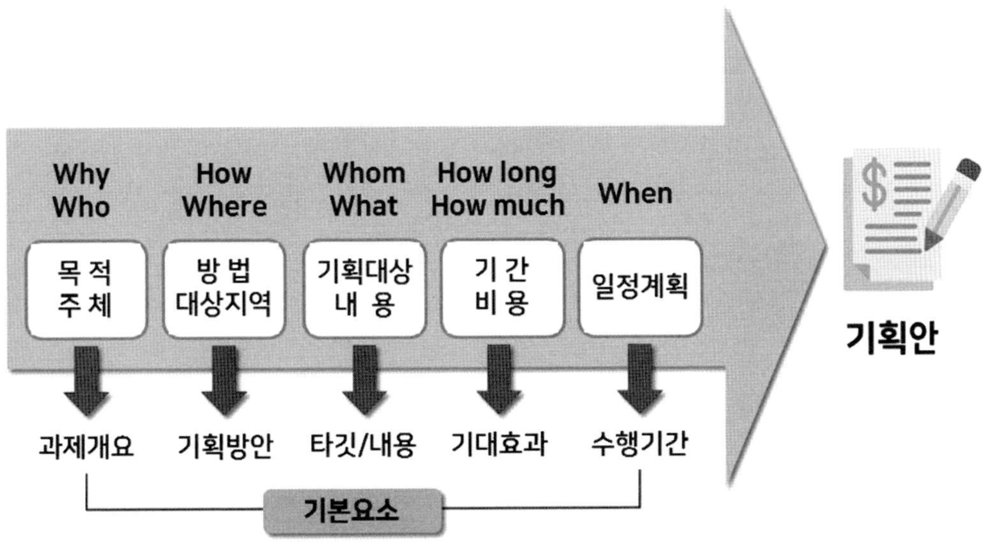

5. 기획의 기본요소 (2)

6W 3H 원칙

Why (목적) 어떤 목적의 로컬콘텐츠를 개발할 것인가를 결정

What (내용) 무슨 내용의 콘텐츠를 만들 것인가를 결정
- 개발 소재와 아이디어를 통해 컨셉과 스토리텔링을 설정

Whom (대상) 어떤 대상을 타겟으로 할 것인가를 결정
- 콘텐츠 대상 시장에 대한 조사와 분석을 바탕으로 설정

Who (주체) 누가 콘텐츠 제작에 투입될 것인가를 결정
- 콘텐츠 제작방법에 따른 참여인력의 성격을 결정

Where (장소) 콘텐츠의 내용들을 어디에서 제작할 것인가를 결정
- 내용별 내부 제작, 아웃소싱 제작 여부를 결정

When (시기) 언제 콘텐츠를 유통시킬 것인가를 결정
- 시장 및 경쟁상황에 따라 적절한 시장진출시기를 결정

5. 기획의 기본요소 (3)

6W 3H 원칙

- **How (방법)**: 콘텐츠를 어떤 장비와 기술을 이용하여 어떻게 만들 것인가 결정
- **How much (비용)**: 콘텐츠 제작 및 유통 등에 소요되는 구체적 비용을 예측하여 결정
- **How long (기간)**: 구체적인 콘텐츠 개발의 각 내용 및 단계별 수행 기간을 결정

6. 로컬콘텐츠의 기획과정 (1)

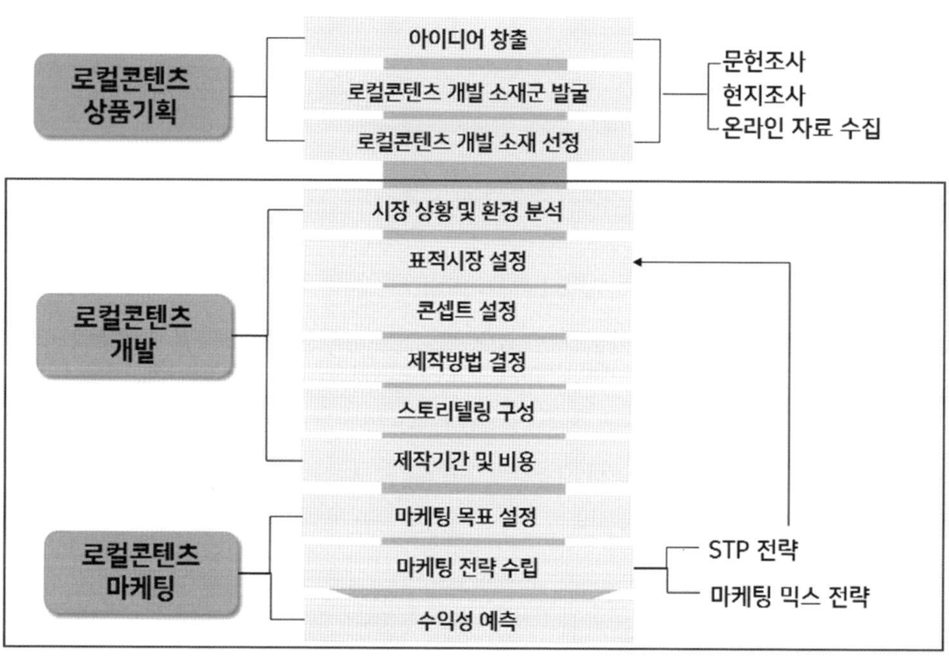

6. 로컬콘텐츠의 기획과정 (2)

시장상황분석

핵심내용

자사 제품이 속한 업계의 전반적인 동향 및 변화 파악

자사제품이 속한 카테고리의 정의 중요

포함내용

업계의 전반적인 동향분석 내용

- 기존 제품 현황
- 소비자 인식 및 태도
- 가격 분석 : 가격변화 추이, 경쟁사 대비 가격, 판매마진율
- 유통 분석 : 유통라인 상황
- 판매촉진 활동 분석

6. 로컬콘텐츠의 기획과정 (3)

시장환경분석(1)

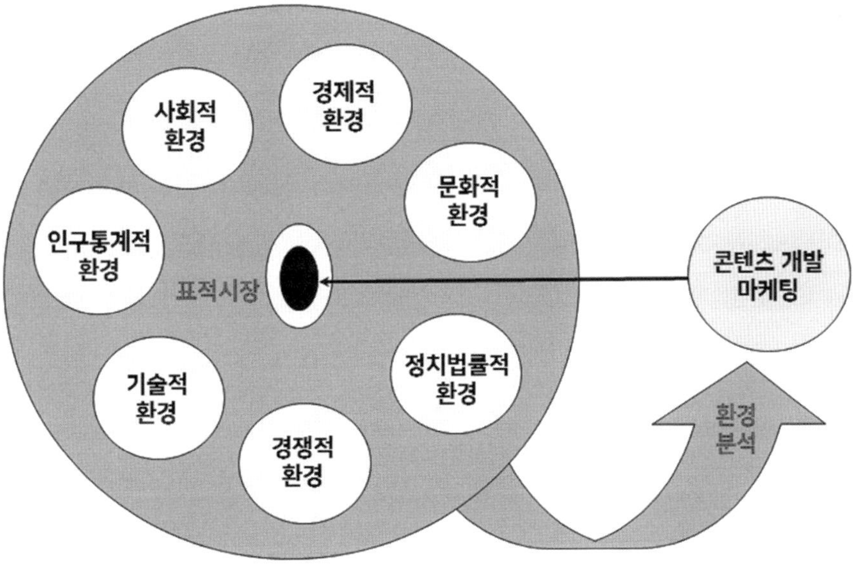

6. 로컬콘텐츠의 기획과정 (4)

시장환경분석(2)

로컬콘텐츠 개발 및 마케팅 전략 수립을 위해 표적시장에 영향을 주는 시장환경분석을 수행하는 과정

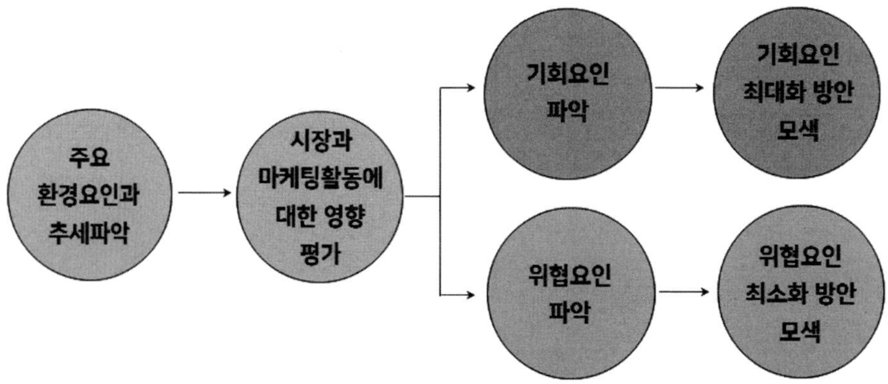

6. 로컬콘텐츠의 기획과정 (5)

시장환경분석(3)

사회적 환경 사회 구성원들의 태도, 가치관, 라이프스타일 등
→ 제품개발, 가격책정, 특정 프로모션의 효과, 구매시기, 장소, 방법 등에 영향

인구통계적 환경 시장의 규모를 결정하는 가장 기초적인 요인으로 인구성장률, 출생률, 연령, 소득수준, 주거지역 등

인구변화 새로운 사업기회 제공

- 노인층 증가 → 실버산업
- 핵가족화/ 독신자 증가 → 레저 및 문화산업

6. 로컬콘텐츠의 기획과정 (6)

시장환경분석(4)

경제적 환경

경기순환, 소득수준, 인플레이션, 이자율, 환율 등
→ 소비자의 구매력 및 소비패턴에 영향

국민소득 수준 – 가구 소비지출비 구성과 관련
☞ 엥겔지수(소비지출 중 식료품비의 비중)

문화적 환경

특정사회의 신념, 풍속, 관습, 종교 등과 관련된 요인
→ 제품, 가격, 스타일 등 소비자의 구매행동에 영향
☞ 동서양의 문화
지역문화
세대간 문화

6. 로컬콘텐츠의 기획과정 (7)

시장환경분석(5)

정치법률적 환경

개인 및 기업 활동에 제한을 주는 법률, 정부정책 및 규제, 압력단체 등과 관련된 요인

☞ 로컬크리에이터 관련 지원 법률 및 정책
- 중소기업창업 지원법
- 특허 및 지적재산권 보호법
- 로컬크리에이터 지원 정책 등

기술적 환경

새로운 제품 및 시장기회 창출에 영향을 미치는 기술변화와 관련된 요인

주요검토 사항
- 기술변화 속도
- 경쟁기업의 연구개발 상황
- 기술에 대한 정부규제 및 지원

6. 로컬콘텐츠의 기획과정 (8)

시장환경분석(6)

경쟁적 환경: 자사기업과 유사한 고객들을 표적시장으로 하는 기업 및 조직과 관련된 요인

경쟁형태

브랜드 경쟁업체
- 표적시장에 동일한 유형의 제품을 제공 제품 경쟁업체
- 동일한 소비자 욕구를 기본으로 상이한 유형의 제품을 제공

분석요인

경쟁업체의 수

경쟁업체의 상대적 규모

산업내의 상호의존 정도

6. 로컬콘텐츠의 기획과정 (9)

시장 상황 및 환경분석 정리

정리 목적

시장 상황 및 환경관련 분석 내용들을 일목요연하게 요약함으로써 자사 및 자사제품이 당면한 문제점 및 기회를 파악하고 그 해결방안을 도출

분석방법

SWOT(Strength, Weakness, Opportunity, Threat) 분석방법

P&O(Problem, Opportunity) 분석방법

↓

분석표 작성시 유의사항

당면한 문제점 및 기회의 기술

6. 로컬콘텐츠의 기획과정 (10)

SWOT 분석 기준

	강점(Strength)	약점(Weakness)
시장상황 분석 내용	·소비자의 호의적 생각 및 태도 ·제품 혁신성 ·원가상의 유리한 점 ·경쟁상의 우위성	·경쟁상 불리점 ·기술 및 능력의 결여 ·평균이하 수익성 ·빈약한 전략 수행
외부환경 분석 내용	·새로운 시장 및 세분시장 출현 ·관련 제품의 추가 ·소비자 기호의 변화 ·빠른 시장성장	·새로운 경쟁사의 진입 가능성 ·느린 시장성장 ·경기후퇴 및 경기변동 ·역빙향의 인구통계
	기회(Opportunity)	위협(Threat)

6. 로컬콘텐츠의 기획과정 (11)

표적시장 설정

개 념

표적시장(Target Market)이란 향후 개발되어질 콘텐츠의 마케팅 활동을 적용시키는 특정 집단군

→ 전체시장 중 특정의 표적시장이 존재

표적화 이 유

제품군 시장이 수개 또는 수십개 제품들이 경쟁

소비자의 유형도 다양화, 개성화 추세

세분화 마케팅(STP) 전략이 필요

6. 로컬콘텐츠의 기획과정 (12)

콘셉트 설정

개 념

환경 및 상황분석을 바탕으로 향후 개발되어질 콘텐츠의 기획 배경 및 테마 등을 설정

→ 사전에 유사사례분석(Bench Marking) 을 수행

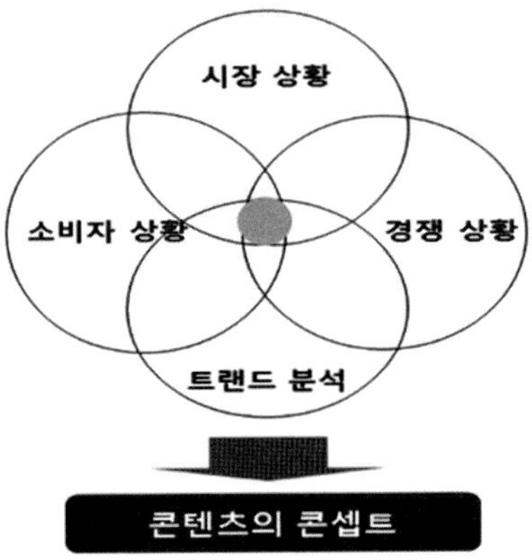

6. 로컬콘텐츠의 기획과정 (13)

콘셉트 설정의 원칙

① 표적시장 소비자들에게 동조화 느낌을 주어야 한다

- 타 문화 표적집단을 소구하는 경우에 문화동조성이 특히 중요

② 표적시장 소비자의 욕구와 필요를 바탕으로 한 편익과 연결되어야 한다

- 편익: 콘텐츠를 통하여 가장 중요하게 전달되어야 할 핵심 내용
  → 비소비자의 마음속에 존재

③ 차별적인 독창성이 있어야 한다

- 콘셉트가 경쟁제품이 현재 하고 있거나 과거에 한 것이 아닌 것
  경쟁제품이 쉽게 모방할 수 없는 것

④ 표적시장 소비자에게 흥미 유발적이어야 한다

- 로컬콘텐츠 소비활동은 소비자의 여가생활과 밀접

로컬콘텐츠 홍보 및 마케팅 전략

1. 마케팅 목표설정

시장환경분석을 바탕으로 마케팅 계획 및 전략을 통해 달성할 마케팅 목표를 설정

형 태

- **시장점유율 (Market Share)**
  - 시장 지배력 증대 목적의 공격적 시장진출 형태
- **매출 또는 수익**
  - 기업의 안정적인 운영 목적의 형태

표적시장의 상황 및 기업의 재무적 상태에 따라 선택

2. 마케팅 목표 설정의 원칙

- **마케팅 활동 측면에서 수행 가능한 것이어야 한다**
  - 시장과 소비자의 구매행동에 관한 지식이나 사실에 근거하여 설정
- **목표달성 기간 및 시한을 명시하여야 한다**
  - 성과를 측정할 수 있는 기준지표
- **조직구성원들에게 동기부여로 작용할 수 있어야 한다**

3. 마케팅 전략 수립

적절한 고객을 발견하고 제품 및 관련 요소들을 계획 수립하여
고객의 욕구 및 필요를 충족시킴으로써 마케팅 목표를 달성하는 활동

로컬콘텐츠 핵심과제

사용자들의 소비유형 파악
문화적 감각을 자극

STP (Segmentation, Targeting, Positioning) **전략**

마케팅 믹스(4P's) 전략

4. STP 전략 수립 (1)

시장세분화(Segmentation)

개 념

시장조사를 통해 파악된 소비자의 욕구를 콘텐츠 개발과 마케팅의 목적에 세부적으로 구분하는 과정 (다양한 세부 기준에 따라)

시장세분화 이 점

고객들의 욕구를 보다 잘 이해할 수 있어 기업이 보다 쉽게 마케팅 기회를 발견할 수 있다.

기업이 자사제품에 대한 시장소구를 보다 적절하게 할 수 있다.

기업의 강점을 최대 활용한 마케팅 전략 수립과 예산 수립이 가능할 수 있다.

- 122 -

4. STP 전략 수립 (2)

목표시장 선정(Targeting)

개 념

세분화된 시장을 평가하여 구체적인 시장을 선정하는 과정

목표시장 평가기준

시장의 매력도
- 세분시장의 매출액, 성장률, 기대수익률 등

시장내 경쟁상황
- 강력하고 공격적인 경쟁자의 존재여부
- 대체제품의 존재 및 수

자사와의 적합성
- 기업의 목표 및 비전과 일치성
  ⇨ 크리넥스 회사– 환경오염 관련 제품시장 진출
- 세분시장에 필요한 기술 및 자원의 보유여부

- 123 -

4. STP 전략 수립 (3)

시장 내 위치 설정(Positioning)

개 념

상품의 특성 및 경쟁상품과의 관계, 자사의 기업이미지 등 각종 요소를 평가·분석하여 소비자의 마음 속에 자사제품이나 기업을 표적시장·경쟁·기업 능력과 관련하여 그 상품을 시장에 있어서 가장 유리한 특정한 위치에 설정하는 과정

수립절차

소비자 분 석 → 경쟁자 확 인 → 경쟁제품의 포지션 분석 →

자사제품의 포지셔닝 개발 → 포지셔닝 전략 실행 → 포지션 확인 재포지셔닝

5. 마케팅 믹스(4P's) 전략 수립 (1)

마케팅 믹스

마케팅 목표의 효과적인 달성을 위하여 마케팅 활동에서 사용되는 여러가지 방법을 전체적으로 균형이 잡히도록 조정·구성하는 일

마케팅 믹스요소

: 제품(Product), 가격(Price), 유통(Place), 촉진(Promotion)

마케팅 믹스 전략

표적시장 소비자들의 욕구를 충족시키기 위해 마케팅 관리자가 제품, 가격, 유통, 촉진을 적절히 조정하고 배합하는 계획

5. 마케팅 믹스(4P's) 전략 수립 (2)

로컬콘텐츠 마케팅 믹스

마케팅 믹스	내 용
제 품 (Product)	로컬크리에이터 7대 분야
가 격 (Price)	제품의 가격결정 및 수준, 할인정책, 지불조건
유 통 (Place)	유통경로, 유통범위, 미디어 선택
촉 진 (Promotion)	광고, 인적판매, 판매촉진, 홍보

6. 마케팅 4P & 4C 전략

마케팅 4P 전략 (생산자 관점) + 3C 전략 (People, Process, Physical Evidence)

Product (제품)	차별화 (특징, 소비자 욕구 맞춤, 디자인 변형, 브랜드 강화 등)
Price (가격)	제품의 가격 결정
Place (판매 장소)	제품을 판매할 장소(플랫폼, 채널 등)
Promotion (판촉)	제품에 대한 정보 커뮤니케이션 방법 결정 (광고, 인적판매, 세일즈 프로모션, 언론홍보)

마케팅 4C 전략 (소비자 관점)

Consumer Value (고객가치)	제품에 대한 고객 만족이 가장 중요, 고객의 수요와 욕구에 맞도록
Cost (비용)	기회비용적 측면에서 가격 결정 필요
Convenience (편의)	제품을 구하기 쉽고, 시험해 보기 쉬워야
Communication (의사소통)	고객과의 상호 커뮤니케이션 필요

사업계획서 작성법

1. 사업계획 수립

2. 전략적 사고 7단계

3. 아이디어의 사업화 과정

아이디어 발견단계

↳ 예비선별 단계

↳ 시장분석 단계

↳ 기술분석 단계

↳ 사업분석 단계

↳ 사업타당성 분석

↳ 사업계획서 작성

↳ 사업화

4. 사업화를 추진하기 위한 5가지 핵심요소

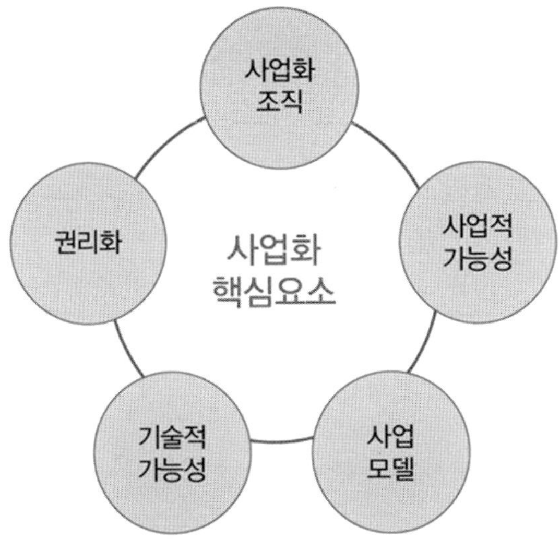

- 132 -

5. 사업타당성 분석의 핵심사항

- 이 제품(서비스)이 얼마나 팔리겠는가?
- 기술적으로 타당한가?
- 이 사업을 위해 투입할 수 있는 자금은 얼마인가?
- 이 사업의 수익성은 어떠한가?

- 133 -

6. 사업계획서란

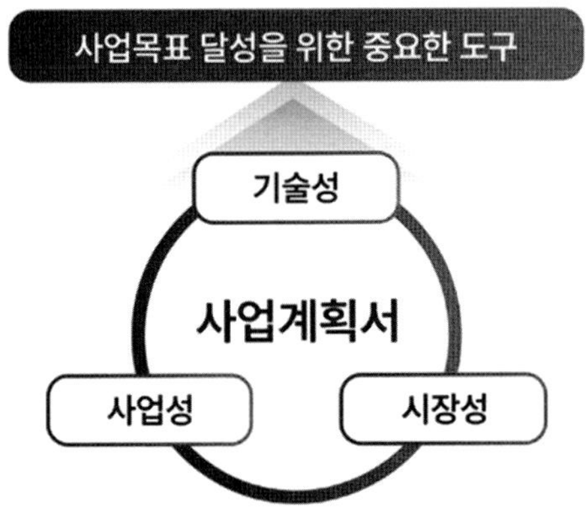

- 사업 아이템을 실행 가능한 구체적인 계획으로 발전시키는 것
- 사업계획서에는 반드시 기술성, 시장성, 사업성이 반영되어야 함

7. 사업계획서는 왜 작성하는가?

1. 사업 성공을 위한 설계도
2. 투자유치 목적
3. 정책자금 조달(융자, 출연)
4. 인증 등 기타 목적(벤처, 이노비즈 등)

8. 성공적인 사업화를 위한 체크리스트

- 우리 제품의 경쟁력과 서비스는?
- 누가 고객인가?
- 경쟁자(경쟁업체)는 누구인가?
- 판매가격과 판매방법은?
- 국내 · 외 시장규모는?
- 소요자금은?
- 기업이 역량을 보유하고 있는가?
- 손익분기점은 언제?

9. 기술성 (1)

- 돈 되는 아이디어인가? (또는, 참신한 아이디어인가?)
  - 어떻게 돈을 벌 것인가를 알기 쉽게 기술해야 함
- 사업아이템에 대한 산업재산권(특허권, 실용신안권) 취득 여부
  - 또한, 유사한 아이템에 대한 산업재산권 현황을 파악하는 능력 필요
  - www.kipris.or.kr 또는 네이버 전문검색 등을 활용
- 사업아이템을 어떻게 구현할 것인가? (구현방법을단계별로표시해볼 것)

프로젝트 결과물 (기술)		사업시나리오 (Commercialization)		사업가치 (Business Value)
Technology 특허(IP) 기술자료 노하우	+	Market Research 3C분석 STP전략 / 4P계획 투자	➡	시장(Volume) 매출(M/S) 원가(Cost) 손익(P/L)

• 3C : Customer, Company, Competitor

9. 기술성 (2)

- 본인이 직접 해결할 수 있는 것과 해결할 수 없는 것을 판단해 보고, 해결할 수 없는 것을 어떤 방법으로 해결해 나갈 것인가를 계획서에 기술함

10. 시장성 (1)

- 국내 시장규모 또는 해외 시장규모를 예측하는 능력이 필요하다.
- 시장규모를 예측하는 방법

• 확실한 근거를 가지고 작성할 것
알 수 없는 많은 요소가 있더라도, 가능한 한 입증 가능한 숫자(객관적인 data)에 근거하여 작성한다.

• 논리적으로 생각 할 것
추정치는 논리적 결론이어야 하며 논리적 비약이나 명시되지 않은 가정(assumption)에 의존해서는 안된다.

• 자료를 비교할 것
여러 가지 다양한 자료원(인터뷰, 통계, 전문가 의견 등)을 비교하여 객관성을 확보한다.
또한, 알 수 없는 변수가 있을 경우에는 대체적인 변수가 있는지를 찾아보며, 각 추정치가 적절한 규모인지 스스로 점검하여 본다.

10. 시장성 (2)

- **시장규모에 따른 시장점유율 예측이 필요하다.**
  - 만약, 국내 시장규모가 100억원인데 본인이 점유할 수 있는 시장규모가 10%라고 가정하면 본인이 확보할 수 있는 시장규모는 10억원으로 예측할 수 있다.
- **시장점유율을 높일 수 있는 방법을 기술하여야 한다.**
  - 시장점유율을 높일 수 있는 마케팅, 홍보, 인적판매 등의 방법을 작성한다.

10. 시장성 (3)

- **마케팅 체계**

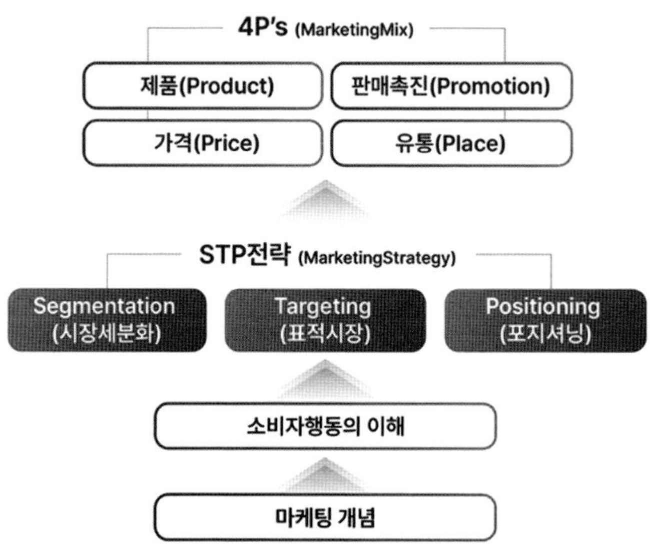

11. 사업성

- 사업성은 얼마를 투자해서 얼마를 벌 것인가를 작성하는 것임
  - ✓ 자본 = 자기자본 + 타인자본
- 참고로, 신용을 통해 자금을 조달할 수 있는 방법으로는 신용보증기금, 기술신용보증기금, 지역신용보증재단을 이용하는 방법이 있음

12. 재무계획

- 사업성이 있는지를 예측하기 위한 기본자료이므로 정확성이 요구된다.

손익계산서	<u>소득을 보여주는 지표</u> 매출과 수익, 총매출, 이자수익과 배당금, 기타 소득, 비용, 매출원가, 판매비와 관리비, 감가상각비, 이자비용, 세금 등이 이에 해당된다.
대차대조표	<u>사업의 가치를 나타내주는 지표</u> 부채 + 자기자본 = 자산
현금흐름표	<u>기간에 대한 현금의 흐름을 보여 주는 지표</u> 현금매출액, 이자수입, 투자유입액, 매출원가, 판매관리비, 이자지급 세금, 설비투자비, 차입금상환, 배당금, 현금의 순증감 등이다.

참고자료

마케팅 핵심 요약

1. 마케팅의 영역

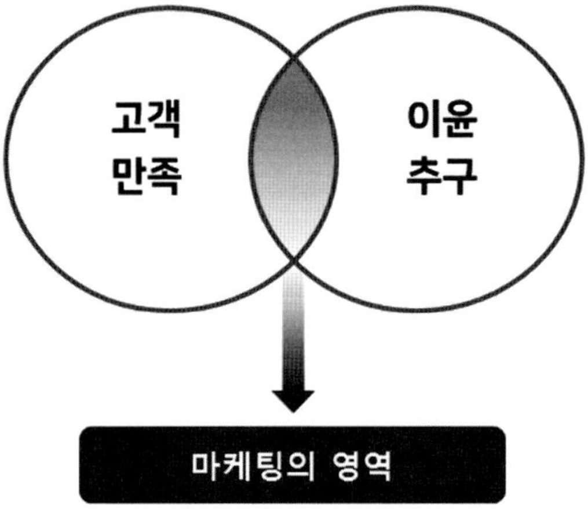

2. 경쟁환경분석 - 3C분석

3C분석은 고객(Customer), 경쟁사(Competitor), 자사(Corporation)를 중심으로 분석하는 기법이다.

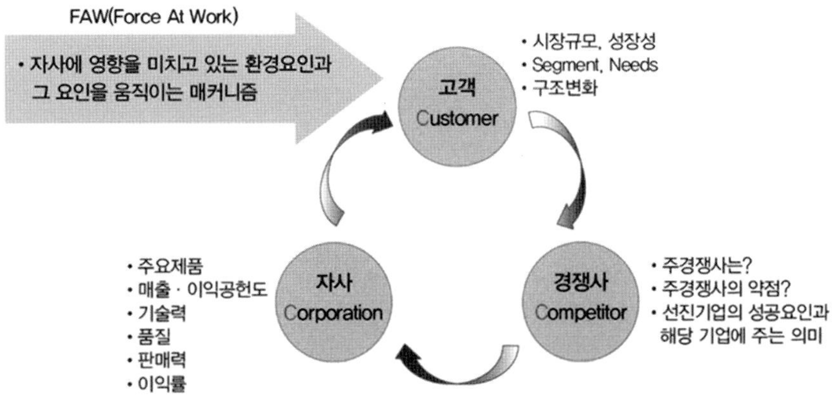

3. 내부역량분석 - 가치사슬(Value Chain)

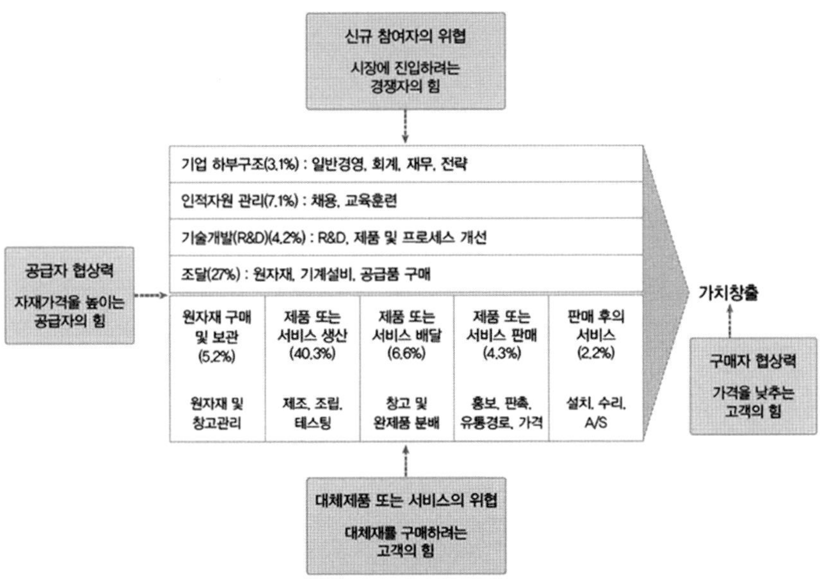

[가치사슬과 5-Forces Model]

4. SWOT분석

- 진단방법

기관의 경영환경 및 내부조직의 강·약점을 분석하여 전략 수립에 도움이 될 수 있는 전략적 과제 및 방향성을 설정하기 위한 기법

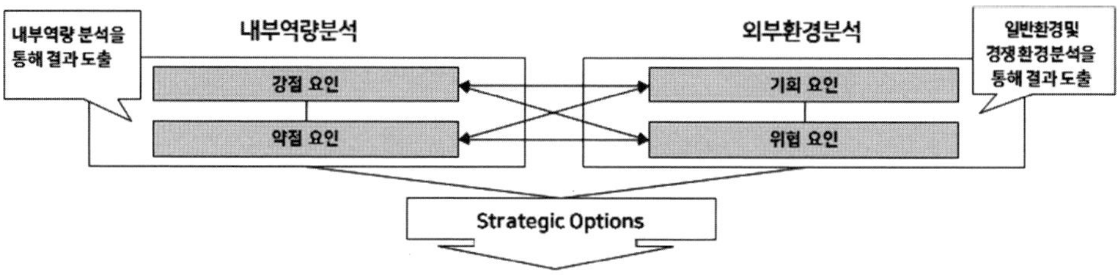

SWOT Matrix		외부환경요소	
		위협(T)	기회(O)
내부역량요소	강점(S)	ST 강점을 가지고 위협을 회피하는 전략대안	SO 강점을 가지고 기회를 살리는 전략대안
	약점(W)	WT 약점을 보완해서 위협을 극복하는 전략대안	WO 약점을 보완해서 기회를 살리는 전략대안

5. 마케팅믹스(4P's)

[그림 5-16] 마케팅믹스(4P's)

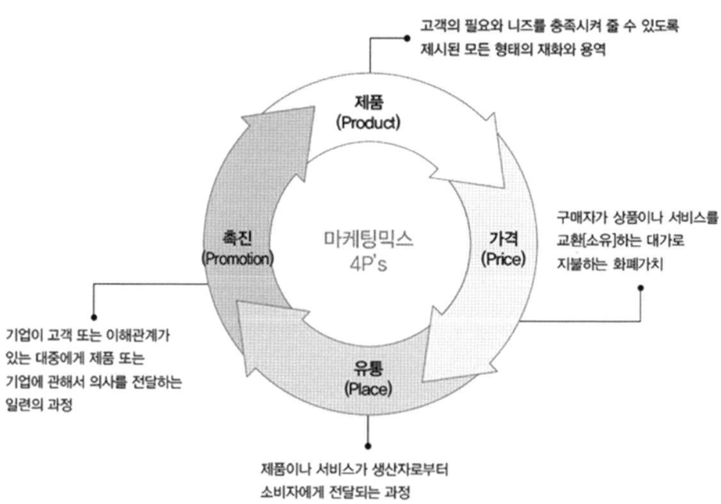

6. 신제품 개발 프로세스 (1)

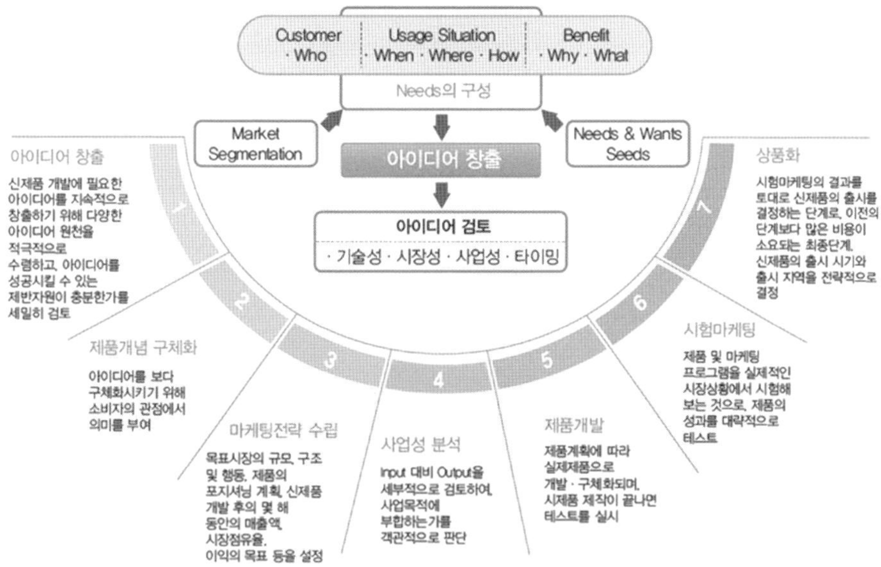

6. 신제품 개발 프로세스 (2)

- 우선적으로 제품에 대한 소비자의 욕구 및 요구 파악 필요(판매망 확보 후 제품 개발)
  - 소비자 조사 및 타 지역의 유사제품 분석, 관련 전문가들의 자문을 통해 제품에 대한 아이디어를 구체화
  - 도출된 아이디어는 기술성·시장성·사업성 등을 종합적으로 검토·고려하여 제품개발의 방향을 결정

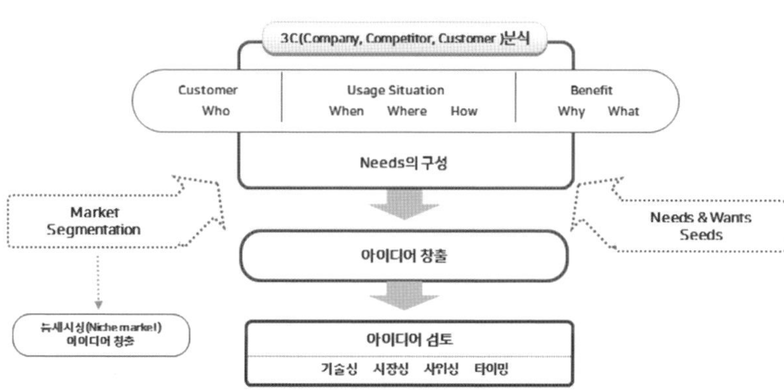

관련 사업의 권리화(산업재산권), 연구논문, 연구보고서 등을 세밀히 검토하여 차별화된 연구개발 계획을 수립하고, 이를 통해 향토자원의 제품화, 사업화, 산업화 추진방안을 지역특성에 맞게 설정

7. 유통경로 유형

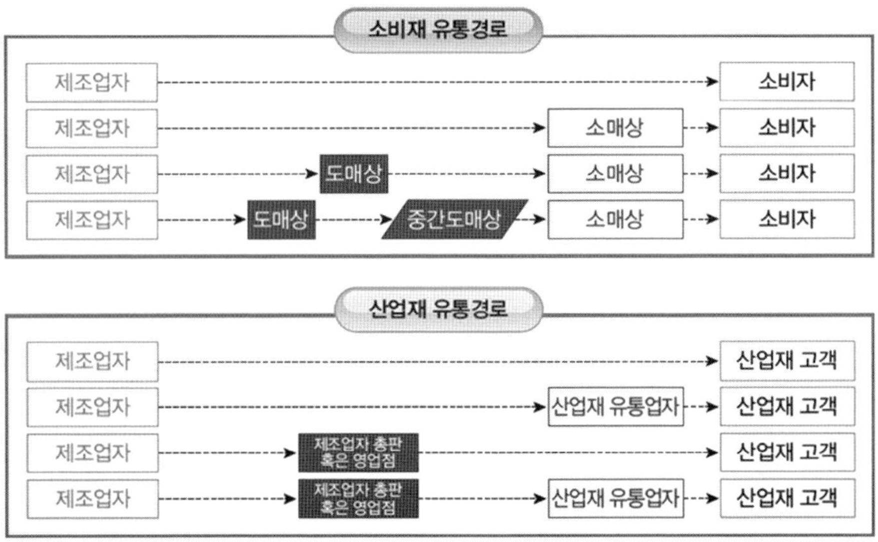

8. 촉진의 개념

촉진은 기업이 고객 또는 기타 이해관계가 있는 대중에게 제품 또는 기업에 관해서 의사를 전달하는 일련의 과정으로 촉진 활동에는 광고, 홍보, 판촉, 인적판매 등이 있다.

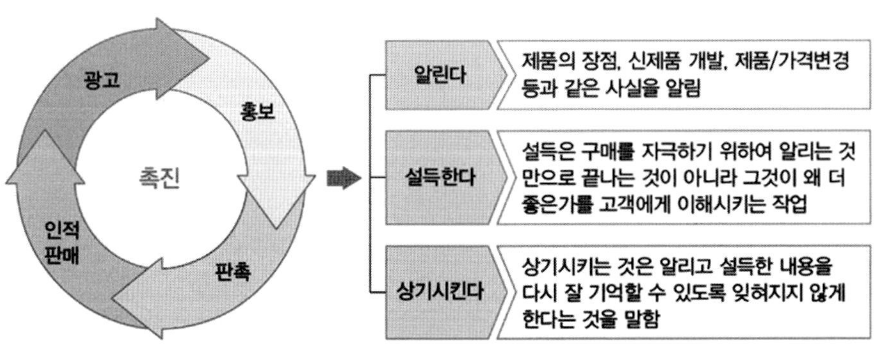

9. 인터넷마케팅의 사업영역

e-비즈니스 용어	소비자
B2B	인터넷상으로 기업 간에 사고파는 것을 지칭
B2C	인터넷상으로 소비자에게 상품이나 서비스를 파는 기업을 지칭
C2B	인터넷상으로 기업에게 상품이나 서비스를 파는 개인을 지칭
C2C	인터넷상으로 소비자 간의 상호작용을 도와 상품이나 서비스를 제공하는 사이트를 지칭

	기업	소비자
기업	B2B	B2C
소비자	C2B	C2C

10. 마케팅 추진과정 종합

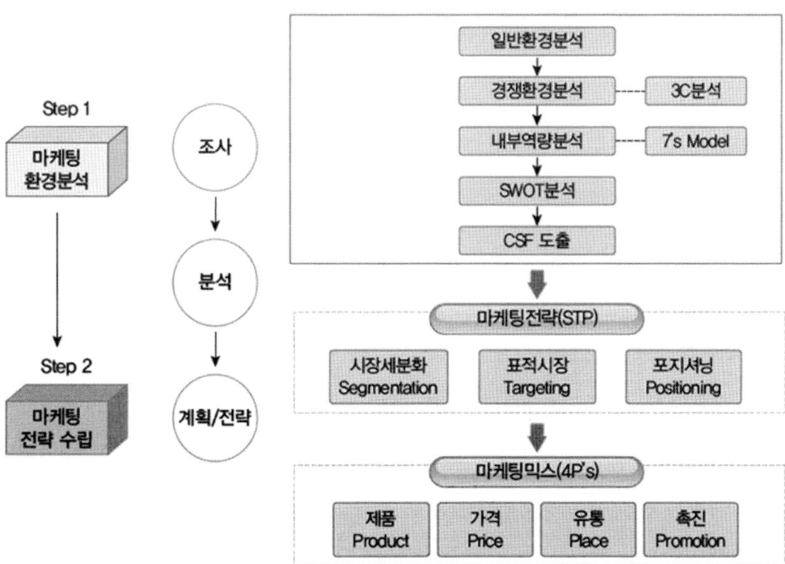

도움 사이트

1. 균형발전 종합정보시스템 (www.nabis.go.kr)

2. 정책연구관리시스템 (www.prism.go.kr)

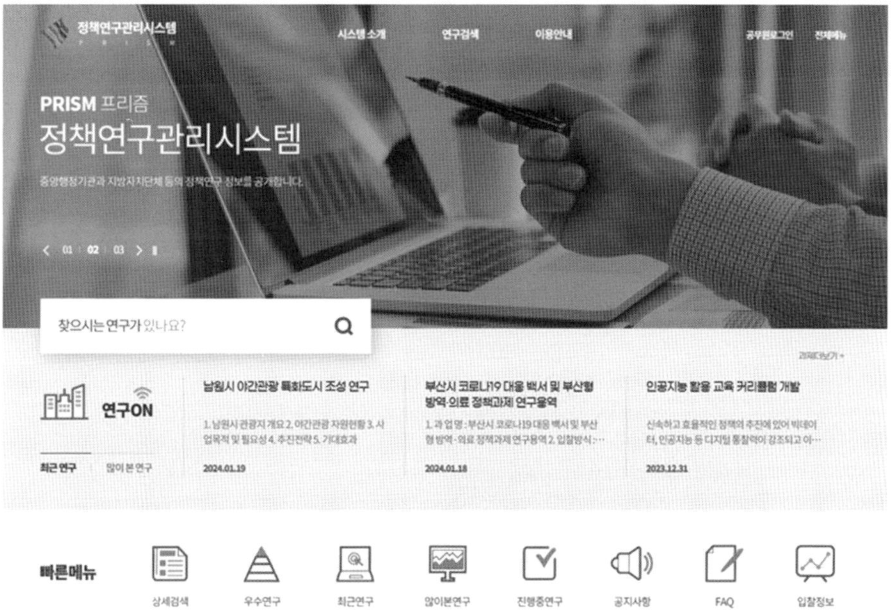

- 158 -

3. 중소벤처기업부 통계자료 (www.mss.go.kr)

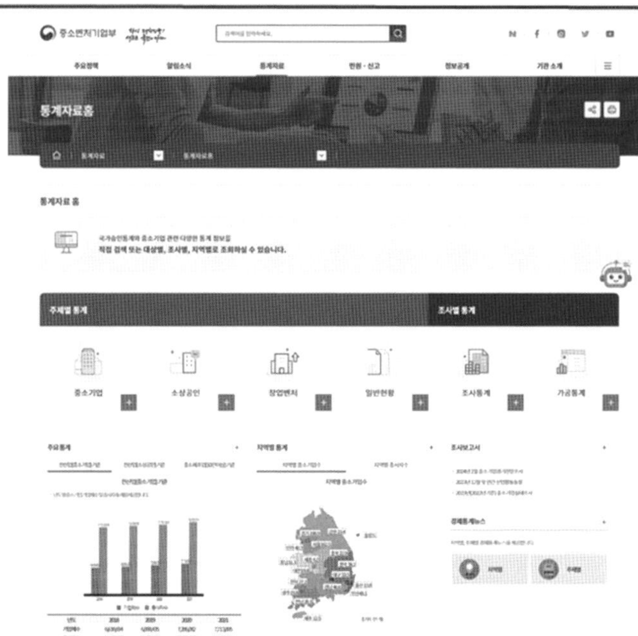

- 159 -

4. 지역고용네트워크 (www.len.or.kr)

5. K-Startup 창업지원포털 (www.k-startup.go.kr)

6. KOSIS 국가통계포털 (kosis.kr)

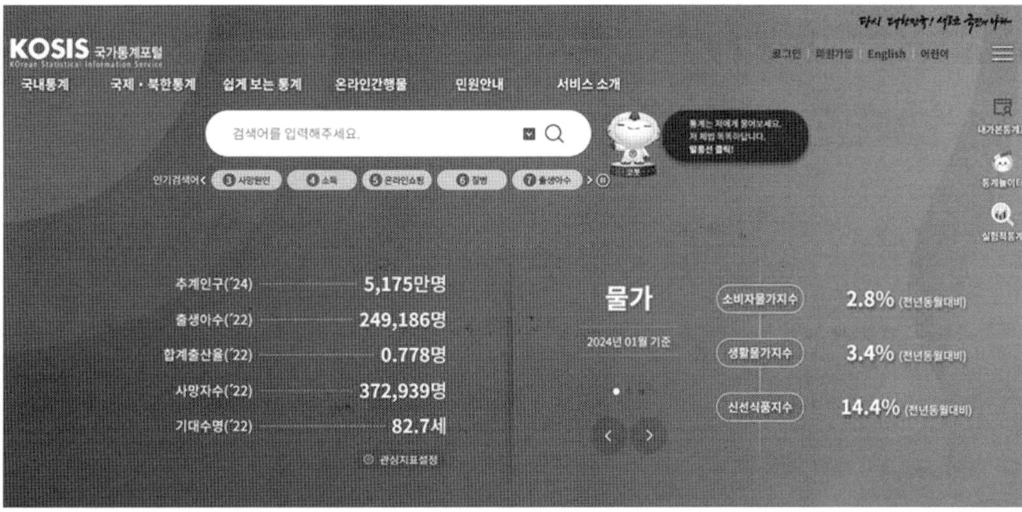

7. 통계지리정보서비스 (sgis.kostat.go.kr)

8. 지표누리 (www.index.go.kr)

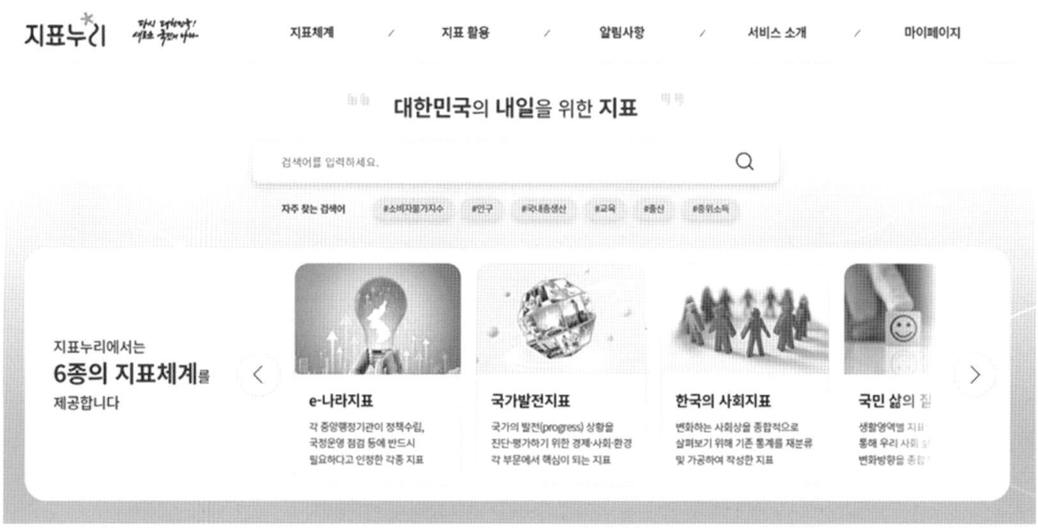

9. 공공데이터포털 (www.data.go.kr)

Chapter 03

로컬비즈니스 전략

제3장 로컬비즈니스 전략

1. 지식재산권
2. 로컬비즈니스모델(LBM)

1 지식재산권

1. 지식재산권

지식재산권(Intellectual Property Rights)이란 사람의 정신적, 지능적 능력의 결정체인 창작에 대하여 사회에 공개하는 대가로 국가가 공권력에 의해 부여해 주는 독점권을 말한다. 보통 우리가 알고 있는 통상의 동산이나 부동산과는 달리 형체가 없기 때문에 무체재산권이라고도 한다.

산업재산권

산업영역에서 일정기간 독점적 · 배타적으로 이용할 수 있는 권리

예시

특허권	전기차 모터 등 "핵심기술"
실용신안권	전기차 주변 "개량기술"
상표권	전기차 "모델명"
디자인권	전기차 "외관"

저작권

저작자가 자기의 저작물에 대하여 가지는 배타적인 법적 권리

예시

저작인격권	음악의 "작곡자의 성명 표시"
저작재산권	음악의 "공연, 방송, 배포"
저작인접권	음악의 실연자, 음반제작자, 방송사업자가 갖는 권리

신지식재산권

경제·사회 또는 문화의 변화나 과학기술의 발전에 따라 새로운 분야에서 출현하는 지식재산

예시

데이터	"데이터베이스", "빅데이터"
전통지식	"과학지식", "생태학적 지식"
유전자원	"신품종", "농림자원"

- 5 -

2. 지식재산권은 왜 필요한가?

01 시장에서의 독점적 지위 확보

02 특허분쟁의 예방 및 권리보호

03 연구개발 투자비 회수 및 추가 기술개발의 원천

04 정부의 각종 정책자금 및 세제지원 혜택

- 6 -

지식재산의 유형과 범위

1. 산업재산권의 개념 및 분류 (1)

구분	특허권	실용신안권	디자인권	상표권
정의	자연법칙을 이용한 기술적 사상의 창작으로서 발명 수준이 고도화된 것 (대발명)	자연법칙을 이용한 기술적 사상의 창작으로서 물품의 형상·구조·조합에 관한 실용 있는 고안 (소발명)	물품의 형상·모양·색채 또는 이들이 결합한 것으로서 시각을 통하여 미감을 느끼게 하는 것	타인의 상품과 식별하기 위하여 사용되는 기호·문자·도형·입체적 형상·색채, 홀로그램·동작 또는 이들을 결합한 것
보기 (전화기)	알렉산더 그레이엄 벨이 전자를 응용하여 처음으로 전화기를 생각해 낸 것	분리된 송수화기를 하나로 하여 편리하게 한 것	탁상전화기를 반구형이나 네모꼴로 한 것	전화기 제조회사가 제품이나 포장 등에 표시하는 상호·마크
존속 기간	설정등록일로부터 출원일 후 20년까지	설정등록일로부터 출원일 후 10년까지	설정등록일로부터 출원일 후 20년까지	설정등록일로부터 10년(10년마다 갱신 가능, 반영구적 권리)

1. 산업재산권의 개념 및 분류 (2)

특허	실용신안	디자인	상표
원천, 핵심기술	Life cycle이 짧은 주변 개량 기술	물품의 외관	상품의 명칭
• 엔진 제어 시스템 • ABS 브레이크 시스템 • 지능형 현가 시스템 • 변속기 시스템	• 백미러 • 컵홀더 • 자동차도어 • 의자 높낮이 조절장치	• 차체 형상 • 의자 형상 • 전방 램프 형상 • 리어 스포일러 형상	• 자동차 명칭 (제네시스, 그랜저 등) • 제작사 명칭 (현대, 도요타, BMW 등)

2. 특허 등록요건

No

거절 결정

- 자연법칙을 이용한 기술적 사상인가?
- 산업상 이용할 수 있는 것인가?
- 새로운 발명인가?
- 종전에 있던 발명보다 진보된 발명인가?
- 불특허사유에 해당되지 아니한 것인가?
- 명세서에 발명이 구체적으로 기재되고 청구범위는 명확한가?
- 다른사람보다 먼저 출원하였는가?

Yes

특허(등록) 결정

3. 특허와 실용신안

구분		특허	실용신안
등록	보호대상	자연법칙을 이용한 기술적 사상의 창작으로서 고도한 것	물품의 형상·구조 또는 조합에 관한 자연법칙을 이용한 기술적 사상의 창작
	등록요건	신규성, 신보성 및 실체적 요건	특허와 동일
	결정방법	특허결정 또는 특허거절 결정	실용신안 등록결정 또는 실용신안 등록결정 거절
권리 행사	권리존속기간	20년	10년
	권리행사의 요건	설정등록	특허와 동일
	침해자의 과실추정	설정등록 후	특허와 동일
권리 취소 무효	이의신청	이의신청제도가 무효심판제도로 통합	특허와 동일
	심사청구	출원부터 5년 이내. 누구든지 가능. 취하할 수 없음	출원부터 3년 이내, 누구든지 가능, 취하할 수 없음
	무효심판	설정등록이 있는 날부터 등록공고일 후 3개월 이내에는 누구든지 가능 등록공고일 후 3개월 이후에는 이해관계인 또는 심사관만 가능	특허와 동일
기타	우선심사제도	있음	있음
	신보성	용이하게 발명가능한지 여부	극히 용이하게 고안가능한지 여부
	정정가능절차	무효심판, 정정심판, 정정의 무효 심판	특허와 동일

4. 디자인

- 디자인보호법 제1조에서는 디자인의 보호와 이용을 도모함으로써 디자인의 창작을 장려하여 산업발전에 이바지함을 목적으로 한다고 규정한다.
- 디자인이란 '물품의 부분, 글자체 및 화상(畵像)의 형상, 모양, 색채 또는 이들을 결합한 것으로서 시각(視覺)을 통하여 미감(美感)을 일으키게 하는 것' 을 말한다.
- 디자인보호법 제42조에서 규정하는 한 벌의 물품의 디자인은 제외한다.

5. 저작권

- 저작권법 제2조 제1호에서 저작권의 대상인 저작물을 '인간의 사상 또는 감정을 표현한 창작물'이라고 정의하는데, 저작물로서 보호되기 위해서는 창작물이어야 한다는 것, 즉 창작성이 있어야 한다는 것을 요건으로 하고 있다.
- 저작권은 저작인격권과 저작재산권, 저작인접권으로 구분된다.
- 저작권은 별도의 절차가 필요없이 창작한 때부터 자동으로 발생한다.
- 저작인격권은 저작권법 제11조 내지 제13조에서 규정하고 있고, 저작인격권은 공표권, 성명표시권 및 동일성유지권이다.

6. 신지식재산권의 개념 및 분류

신지식재산권이란 전통적인 산업재산권, 저작권의 범주에 속하지 않으면서 경제의 발전 및 변화와 함께 그 보호의 필요성이 대두된 새로운 지식재산권

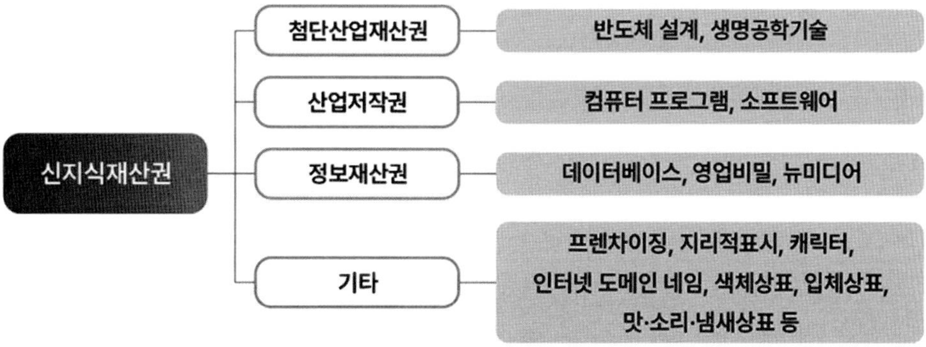

7. 지식재산 관련 행정기관 및 법률

소관부처	관계법령
국가지식재산위원회	지식재산법
특허청	특허법, 실용신안법, 상표법, 디자인보호법, 부정경쟁방지 및 영업비밀 보호에 관한 법률, 반도체집적회로의 배치설계에 관한 법률, 변리사법, 발명진흥법
문화체육관광부	저작권법, 문화산업진흥기본법, 콘텐츠산업진흥법
과학기술정보통신부	과학기술기본법, 소프트웨어진흥법, 데이터 산업진흥 및 이용촉진에 관한 기본법, 생명연구자원의 확보 관리 및 활용에 관한 법률
산업통상자원부	대외무역법, 산업디자인진흥법, 산업기술 유출방지 보호에 관한 법률, 불공정무역행위 조사 및 산업피해규제에 관한 법률, 기술의 이전 및 사업화 촉진에 관한 법률
중소기업벤처기업부	중소기업기술 보호 자원에 관한 법률

8. 상표 (1)

구분	상표	서비스표	업무표장	단체표장
정의	타인의 상품과 식별하기 위해 사용하는 표장 (과자, 옷, 학용품, 자동차 등에 사용)	타인의 서비스업과 식별하기 위해 사용하는 표장 (광고업, 금융업, 요식업 등에 사용)	국내에서 비영리업무를 영위하는 자가 업무를 나타내기 위해 사용하는 표장	동종업자의 법인이 단체참여자의 영업에 관한 상품 또는 서비스업에 사용하는 표장
사례	청정원	본죽&비빔밥cafe	KORAIL	무안양파
등록번호	40-0000000	41-0000000	42-0000000	44-0000000
권리자	대상 주식회사	본아이에프 주식회사	대한민국 철도청	무안양파 영농조합법인

8. 상표 (2)

- 상표의 기능

01 자타상품의 식별
상표를 상품에 표시하여 사용하는 경우 그 상표의 표시로 인하여 자기의 상품과 타인의 상품을 식별할 수 있는 기능

02 출처표시 기능
동일한 상표를 표시한 상품은 동일한 출처에서 나온다는 것을 수요자에게 나타내는 기능

03 품질보증 기능
동일한 상표를 표시한 상품은 그 품질이 동일한 것으로 수요자에게 보증하는 기능

04 광고선전기능
상표의 상품에 대한 심리적인 연상작용을 동적인 측면에서 파악한 것으로 상품거래사회에서 판매 촉진 수단으로서의 상표의 기능

05 재산적 기능
상표가 갖는 재산적· 경제적 가치로서의 기능으로서 상표의 재산적 기능은 상표권의 자유양도 및 사용권 설정 등을 통해 구현

- 17 -

[참고자료] 특허정보 무료검색 (www.kipris.or.kr)

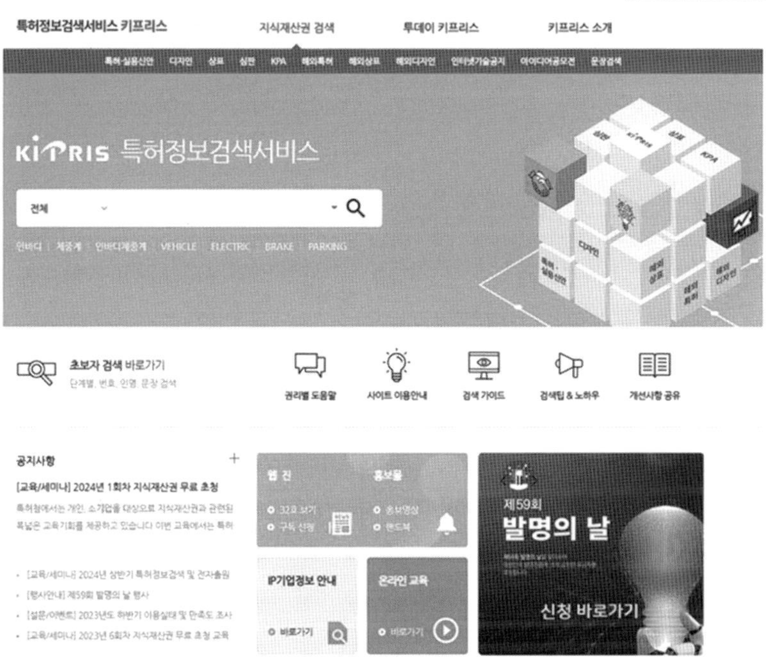

- 18 -

[참고자료] 특허청 유관기관

- 한국발명진흥회(www.kipa.org)
- 한국특허정보원(www.kipi.or.kr)
- 한국지식재산연구원(www.kiip.re.kr)
- 대한변리사회(www.kpaa.or.kr)
- 한국여성발명협회(www.inventor.or.kr)
- 한국지식재산보호원(www.koipa.re.kr)
- 한국지식재산협회(www.kinpa.or.kr)

- 19 -

용어정리 (1)

1. 지식재산권(Intellectual Property Rights)
   사람의 정신적, 지능적 능력의 결정체인 창작에 대하여 사회에 공개하는 대가로 국가가 공권력에 의해 부여해 주는 독점권으로서 산업재산권, 저작권, 신지식재산권으로 구분

2. 산업재산권(Industrial Property Right)
   새로운 발명에 대하여 그 창작자에게 일정 기간 동안 독점 배타적인 권리를 부여하는 대신, 이를 일반인에게 공개하도록 하여 일정 기간이 지나면 누구나 이를 이용할 수 있도록 함으로써 기술 진보와 산업 발전을 추구하는 제도

3. 특허권
   자연법칙을 이용한 기술적 사상의 창작으로서 발명 수준이 고도화된 것(대발명)

4. 실용신안권
   자연법칙을 이용한 기술적 사상의 창작으로서 물품의 형상·구조·조합에 관한 실용 있는 고안(소발명)

- 20 -

용어정리 (2)

5. 디자인권
   물품의 형상·모양·색채 또는 이들이 결합한 것으로서 시각을 통하여 미감을 느끼게 하는 것

6. 상표권
   타인의 상품과 식별하기 위하여 사용되는 기호·문자·도형·입체적 형상·색채, 홀로그램·동작 또는 이들을 결합한 것

7. 서비스표
   타인의 서비스업과 식별하기 위해 사용하는 표장(광고업, 금융업, 요식업 등에 사용)

8. 업무표장
   국내에서 비영리업무를 영위하는 자가 업무를 나타내기 위해 사용하는 표장

9. 단체표장
   동종업자의 법인이 단체구성원의 영업에 관한 상품 또는 서비스업에 사용하는 표장

용어정리 (3)

10. 저작권
    지식재산권의 하나로서 인간의 사상 또는 감정 등을 독창적으로 표현한 창작물인 '저작물'에 대하여 창작자가 가지는 독점적·배타적인 권리

11. 저작인접권
    글자 그대로 저작권에 인접한, 저작권과 유사한 권리로서 이 권리는 실연자(배우, 가수, 연주자), 음반제작자 및 방송사업자에게 귀속됨

12. 신지식재산권
    전통적인 산업재산권, 저작권의 범주에 속하지 않으면서 경제의 발전 및 변화와 함께 그 보호의 필요성이 대두된 새로운 지식재산권

13. 영업비밀
    적극적인 권리로써 보호되는 것이 아니라, 그 영업비밀이 부정한 방법으로 유출되는 것을 금지시킴으로써 반사적으로 보호되는 소극적인 권리

2 로컬비즈니스모델(LBM)

비즈니스모델(BM)의 이해

1. 비즈니스모델(BM)의 다양한 정의 (1)

학자명	정의
팀머스	제품, 서비스, 정보의 흐름이며, 다양한 참여자들의 잠재 적인 이익과 수익원천을 설명해 주는 청사진
알렉산더 오스터왈더	어떻게 조직이 가치를 창출하고, 전달하고, 획득하는지를 논리적으로 정리한 것
마이클 라파	기업이 가치사슬(Value Chain) 안에서 어느 위치에 속하는지를 명시함으로써 매출을 발생시킬 수 있는 방법을 보여 줄 수 있는 것
콜과 미첼	어떤 조직에서 고객에게 제품과 서비스를 제공하고, 자원 과 능력을 개발하기 위하여 "What", "Who", "When", "Where", "Why", "How", "How much"의 사용가능한 조합
아밋	사회기회의 가치창출을 위해 설계한 거래 내용, 구조, 관리를 설명
존슨	고객 가치제안, 수익 공식화, 핵심자원, 핵심 프로세스의 4가지 구성요소가 서로 맞물려 가치를 창출하고 전달
리카르트	고객 가치제안, 수익 공식화, 핵심자원, 핵심 프로세스의 4가지 구성요소가 서로 맞물려 가치를 창출하고 전달
티스	기업이 고객에게 가치를 전달하기 위한 수익과 비용의 실행 가능한 구조와 고객의 가치제안을 지원하는 논리와 자료, 그리고 다른 자료들을 분명하게 표현하는 것

1. 비즈니스모델(BM)의 다양한 정의 (2)

01 수익을 창출하는 기업의 기초적인 설계도

02 새로운 가치를 개발하여 고객에게 전달하고, 그 대가로서 수익을 창출하는 체계적 방법에 대한 논리적 모델

03 내가 가진 아이디어 중 어떤 가치를 누구에게 어떤 방법으로 제공하여 수익을 창출할 것인지에 대한 방향과 방법을 정리하는 것

04 내가 가진 아이디어 중 어떤 가치를 누구에게 어떤 방법으로 제공하여 수익을 창출할 것인지에 대한 방향과 방법을 정리하는 것

05 고객가치를 창출하기 위한 기관의 내부역량과 외부환경을 결합한 시스템

2. 비즈니스모델(BM) 접근방법

어떤 가치를 창출할 것인가?

어떠한 방식으로 전달할 것인가?

어떻게 수익을 창출할 것인가?

3. 비즈니스모델(BM)과 사업계획서의 차이점

ㅇ 사업계획서

· 상세한 문서로서 재무적 예측자료가 많이 담겨 있음

· 사업의 목적, 그것이 달성된다고 믿는 근거, 이를 위한 구체적인 계획이 포함된 공식 문서

· 회사를 정확히 알리고 회사가 영위하고자 하는 사업의 비전과 가능성을 입증하는 데 중점을 둠

· 정부기관, 금융기관, 투자자 등에게 제출할 때 필요

ㅇ 비즈니스모델(BM)

· 처음부터 압축적이고 상세한 내용을 담을 필요가 없음

· 기업이 수익을 창출하기 위한 구체적인 방법을 서술하는 것이 필요

· 머리로 기억할 수 있을 정도로 충분히 작은 개념으로 존재해야 함

· 논리적인 하나의 그림으로 표현하는 것이 필요사업계획서

[참고자료] 마케팅 환경분석

기업에 미치는 내 · 외부적 영향요인을 분석하여 일관되게 지향해야 할 방향성과 결과의 현실성을 위해 고려해야 할 제약조건을 정의함

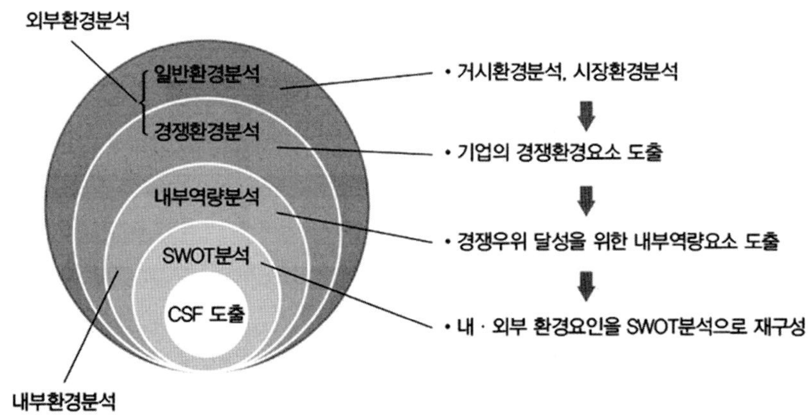

로컬비즈니스모델(LBM)의 개념과 구체화

비즈니스 아이템 설계 방법론

1. 비즈니스모델 캔버스 (BMC)
2. 린 스타트업 (Lean Startup)
3. 린 캔버스 (Lean Canvas)
4. 디자인씽킹 (Design Thinking)

비즈니스모델 캔버스 (Business Model Canvas)

1. 비즈니스모델 캔버스의 개념

- 비즈니스모델 캔버스는 사업모델을 구성하는 핵심요인을 9가지로 표현하기 때문에 '나인 캔버스(9 Canvas)' 또는 '나인 빌딩 블록(The 9 Building Blocks)'으로 불림

- 비즈니스모델 캔버스는 창업기업과 경영활동을 하고 있는 기업을 대상으로 활용함

2. 비즈니스모델 캔버스의 9가지 핵심요소

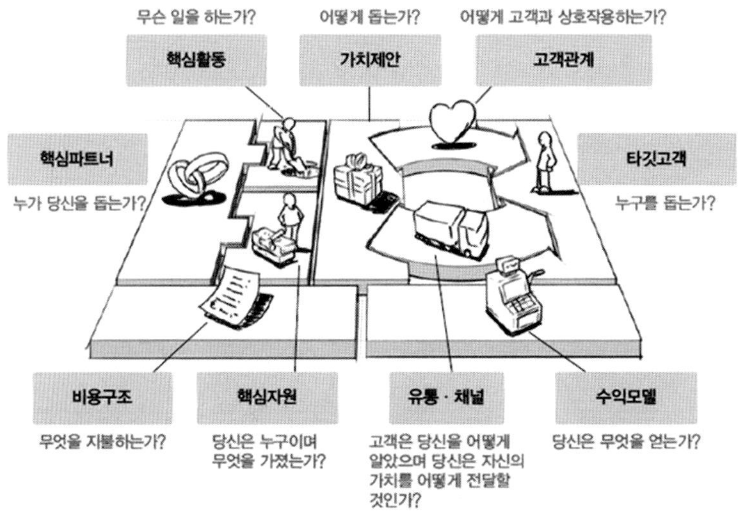

출처 : (재)한국청년기업가정신재단 (2015). 손에 잡히는 기업가정신.

3. 오스트왈더의 9블록 비즈니스모델 캔버스 (BMC) (1)

3. 오스트왈더의 9블록 비즈니스모델 캔버스 (BMC) (2)

① 고객층 나눠보기(Customer Segment)
- 내 아이디어는 누구에게 가장 필요할까?
- 누가 내 아이디어 제품이나 서비스를 구입할까?

② 고객에게 필요한 것 제공하기(Value Proposition)
- 고객은 무엇이 필요할까?
- 우리가 제공하는 가치가 고객의 문제점을 해결해 줄 수 있을까?

③ 유통채널 생각하기(Channels)
- 고객에게 어떻게 전달해 줄까?
- 어떤 방법으로 전달할 때 고객이 더 쉽게 받을 수 있을까?

④ 고객과의 관계 유지하기
- 어떻게 하면 내 고객과 계속 만날 수 있을까?
- 어떤 방법이 고객을 더 많이 만나게 해줄까?

- 36 -

3. 오스트왈더의 9블록 비즈니스모델 캔버스 (BMC) (3)

⑤ 고객에게 필요한 가치를 전달하면서 얻게 되는 수익원은?
- 고객들은 무엇을 위해 돈을 지불하고, 어떻게 지불하고 있을까?
- 수입금은 얼마나 될까?

⑥ 고객이 필요한 것을 채우기 위해서 우리에게 필요한 핵심자원은?
- 고객에게 필요한 것을 제공하기 위해 어떤 핵심자원이 있어야 할까?

⑦ 어떤 활동을 해야 할까?
- 고객에게 필요한 것을 제공하기 위해 어떤 활동을 해야 할까?

⑧ 고객에게 필요한 것을 제공하기 위해서 누구랑 같이 해야 할까?
- 어떤 활동을 해야 할까?

⑨ 고객에게 필요한 가치를 전달하기 위해 드는 비용은?
- 고객에게 필요한 가치를 제공하기 위해 핵심자원을 확보하려면 얼마의 비용이 들까?
- 고객에게 필요한 가치를 전달하기 위한 핵심활동과 파트너십에 드는 비용은 어떤 것들이 있을까?

- 37 -

4. BMC 작성을 위한 14가지 팁

① 포스트잇을 사용하자.
② 어떤 블록(Block)에서 시작해도 상관없다.
③ 모든 블록을 다 채울 필요는 없다.
④ 한 포스트잇에는 한 가지 내용만을 쓰자.
⑤ 너무 세세히 많은 내용을 적지 말자.
⑥ 더 정확하게 표현하자.
⑦ 서로 다른 색의 포스트잇을 사용하자.
⑧ 연결되지 않는 블록이 있으면 서로 연결하자.
⑨ 기존의 비즈니스 모델과 다른 비즈니스 모델을 한 장의 캔버스에 작성하지 말자.
⑩ 다른 아이디어는 다른 BMC에 작성하자.
⑪ 2가지 이상의 가치제안이 있을 경우에는 나누어 작성한 후 합치는 것이 좋다.
⑫ 가급적 전체 블록이 연결된 스토리를 만든다.
⑬ 가설과 검증된 사실을 구분해서 표현한다.
⑭ 비주얼하게 표현하자.

- 38 -

린 스타트업 (Lean Startup)

1. 린 스타트업

- 린 스타트업은 에릭 리스가 개발함

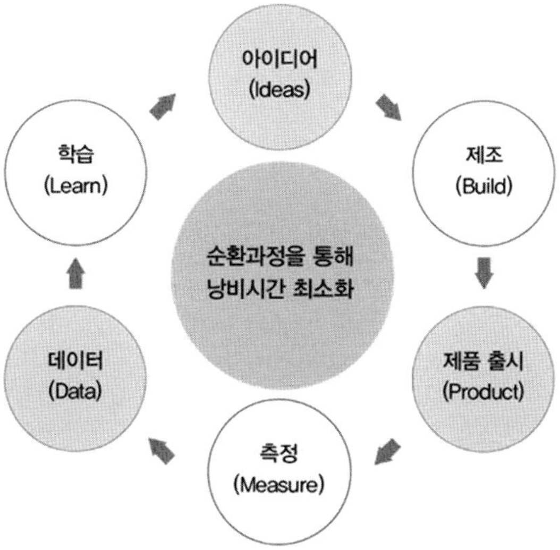

출처 : 에릭 리스 (2012). 린 스타트업. 이창수·송우인 역. 인사이드.

2. 전통경영모델과 린 스타트업 방법론의 비교

구분	전통경영모델	린 스타트업 방법론
전략	비즈니스 계획 · 실행 주도적	비즈니스 모델, 가설 주도적
신제품 프로세스	선형적, 단계적 접근 · 프로세스 주도적	현장중심, 가설 검증을 통한 고객개발
조직 구성	실행력 중심 고용	학습, 민첩성 중심 고용
실패	예외적 사건 → 용인 불가	예상된 사건 → 방향전환
속도	측정된 속도, 완벽한 데이터 기반	빠른 속도, 충분한 데이터 기반

출처 : Steve Blank (2013). Why the Lean Start Up Changes Everything. HBR.

린 캔버스 (Lean Canvas)

1. 린 캔버스 개념

- 오스터왈더의 비즈니스모델 캔버스와 에릭 리스의 린 스타트업을 활용하여 애쉬 모리아가 구체적인 실행방법을 창업기업에 적합하게 만든 것
- 비즈니스모델 캔버스 9개 블록 중 4개 블록을 초기 스타트업에 더 필요한 블록으로 변경함
  - 비즈니스모델 캔버스(BMC)를 스타트업에 맞게 '핵심파트너→문제, 핵심활동→솔루션, 핵심자원→핵심지표, 고객관계→경쟁우위'로 수정한 것
- 한 장의 종이에 9개 영역에 걸친 항목을 채우며 사업 모델을 분석하고 해결점을 찾아가며 아이디어를 구체화할 때 사용되는 양식

2. 린 캔버스 작성방법

<table>
<tr>
<td rowspan="2">2. 문제
고객의 니즈, 고객이 겪는핵심문제3가지</td>
<td>4. 솔루션(해결책)
문제별로 가능한 해결책 요약 정리</td>
<td rowspan="2">3. 고유 가치 제안
제품을 구입해야 하는 이유, 다른 제품과의 차이점을 설명하는 알기 쉽고 설득력있는 메시지</td>
<td>9. 경쟁우위
제품이나 서비스의 장점</td>
<td rowspan="2">1. 목표고객
고객에 대한 분석, 고객세분화 (공략하는 고객과 사용자)</td>
</tr>
<tr>
<td>8. 핵심지표
측정해야 하는 핵심 활동</td>
<td>5. 채널(경로)
고객이 인지하고 구매하는 경로</td>
</tr>
<tr>
<td colspan="2">7. 비용구조
고정비, 변동비, 외주비 등 비즈니스 모델 운영하는 데 발생하는 모든 비용</td>
<td colspan="3">6. 수익원
제품이나 서비스의 수익원천, 수익모델, 매출총이익</td>
</tr>
</table>

3. 린 캔버스 작성 시 유의사항

○ 작성 시 유의사항

- 가능한 한번에 완성하기
  - 처음 그리는 캔버스는 15분~20분 이내로 빠르게 완성한다.
- 집단적으로 생각하지 않기
  - 독립적인 관점을 가지고 자신만의 린 캔버스를 만든 후에, 여러 캔버스를 조화시킨 하나의 린 캔버스를 만드는 순서로 진행하는 것이 좋다.
- 잘 모르겠으면 일단 빈칸으로 두기
  - 린 캔버스는 한 번에 완성하는 것이 아니므로, 모르는 칸은 비워둬도 좋다.
- 간결하게 핵심을 표현하기
  - 핵심을 한눈에 파악할 수 있도록 1쪽이라는 한정된 공간에 내용을 간결하게 작성한다.
- 현재를 기준으로 생각하기
  - 미래를 예측하는 것이 아닌, 현재 단계와 지금 알고 있는 것을 바탕으로 작성한다.

디자인씽킹 (Design Thinking)

1. 개념

- '관찰과 공감', '수렴과 발산적 사고'를 통해서 사용자의 니즈(Needs)와 원츠(Wants)를 발견하고 해결책을 개발하는 신개념 문제해결 방식
- 허버트 사이먼이 '과학의 과학(The Sciences of the Artificial)'에서 디자인씽킹 초기개념에 기여함(1969)
- IDEO와 스탠포드 d.school은 사용자 중심의 디자인 방법론을 교육, 실천, 전파
- 창의적인 사고를 촉진하고, 신선한 솔루션을 제공함
- 디자인씽킹은 다양한 분야의 지식과 실천이 결합하여 시간에 따라 진화한 개념임

2. 방법론

비즈니스사고 Business Thinking	디자인사고 Design Thinking	창의적사고 Creative Thinking
좌뇌	좌+우뇌	우뇌
합리적, 구조적	상호전환	직관적, 감성적
분석중심	분석 및 창작	창작/ 표현중심
명확하게 정의된 문제	불명확하게 정의된 문제	문제 자체가 정의되어 있지 않음
비즈니스 결과 개선이 목적	사용자 경험 개선이 목적	새로운 아이디어 모색이 목적
분석-의사결정	공감-문제정의-아이디어 도출 -프로토타입-테스트	인지-아이디어 도출
"이 문제를 해결하자"	"우리가 해결해야 하는 문제는 무엇인가?"	"문제가 존재하지 않는다"

출처 : Daniel Ling. 2015; 김선동 외 역 2016, 23쪽

3. 프로세스

- 공감을 통한 문제 발견 - 문제정의하기 - 아이디어 내기 - 프로토타입 만들기 - 테스트 및 피드백

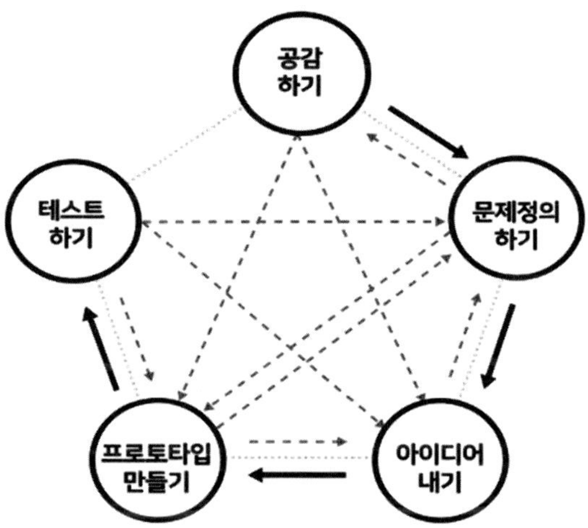

4. 디자인씽킹을 통한 브랜드 개발

공감하기	문제정의하기	아이디어내기	프로토타입	테스트하기
1. 데스크리서치 2. 필드리서치 3. 설문조사 4. 심층인터뷰	1. 문제정의 2. 이해관계자맵 3. 퍼소나 4. 고객여정맵	1. 아이디어 스케치 2. 브랜딩 콘텐츠 작성	1. 프로토타입 2. 제품 테스트	1. 마케팅 블루 프린트

5. 사례 - 미니환경미화원

- 마포구 홍대 앞 거리 _하루 유동인구 15만, 국내 유동 인구 3위 지역
- 마포구 전체 쓰레기의 4분의 1 - 쓰레기 밀집지역
- 왜 이렇게 많은 쓰레기가 버려질까?

출처 : https://www.youtube.com/watch?v=slZ-3_X8Df0&t=7s

5. 사례 - 인큐베이터

- 스탠포드대학 소셜벤처팀의 엠브란스 이노베이션
- 공감을 통한 문제발견이 중요하다는 예를 보여줌
- 디자인씽킹 프로세스를 통한 해결책을 제시함
- '현장에 답이 있다'

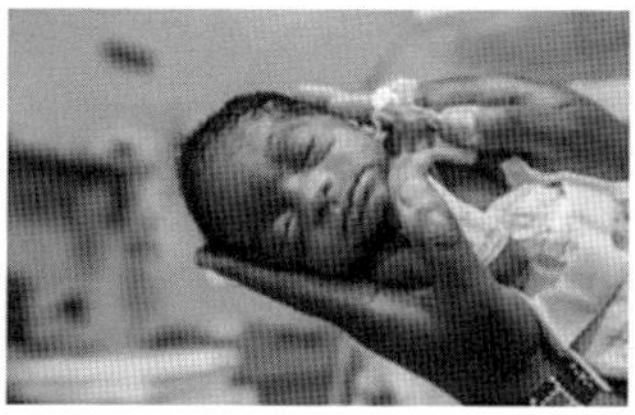
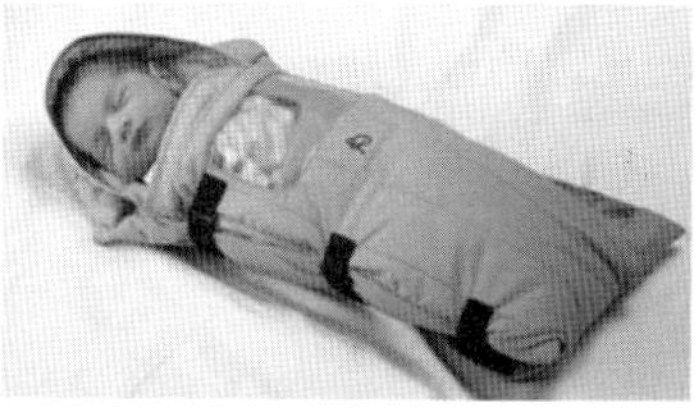

출처 : https://www.slideshare.net/gisoopa/design-thinking-56464299

5. 사례 – 작은 가게 작은 브랜드_노점상

- 청주 육거리 전통시장 활성화를 위한 서비스디자인데스크리서치 및 필드리서치를 통하여 노점상의 문제 발견
- 디자인씽킹 프로세스를 통하여 결과물 도출
- KBS 뉴스 및 다양한 매체를 통한 홍보

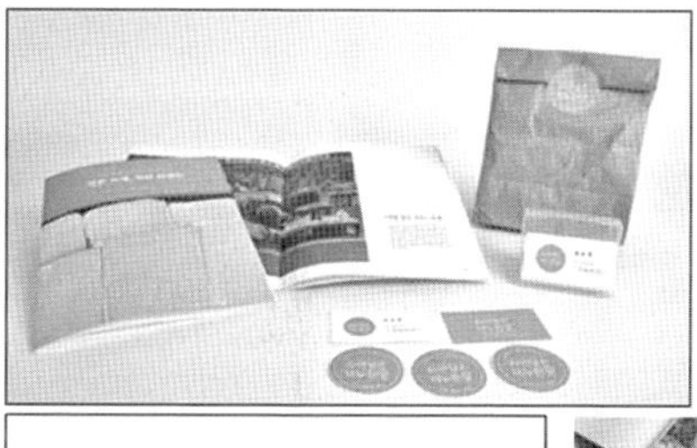

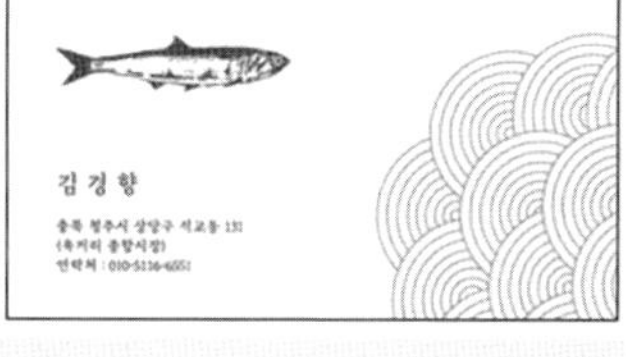

5. 사례 – 세종대왕과 초정약수축제

- 초정행궁 관광활성화를 위한 서비스디자인데스크리서치, 필드리서치(관찰, 인터뷰, 설문, 체험)을 통하여 문제발견
- 다양한 프로젝트를 진행 (이벤트 및 픽토그램, 굿즈)
- 세종대왕과 초정약수축제에 참여

5. 사례 – 2023 월곡리 골목길 페스타

- 월곡리 골목길 활성화를 위한 서비스디자인충청대학(바리스타과, 반려견과, 호텔조리파티쉐과, 경찰행정과)과 주민, 상인이 함께 진행
  - 학생과 상인이 함께 하는 김장 이벤트

부록

1. 중소벤처기업부, 지역기반 로컬크리에이터 활성화 지원사업 선정현황 (2021~2022년도)

2022년 기준, 유형별 분포는 로컬푸드(31.8%), 지역가치(20.0%), 거점브랜드(20.0%), 지역특화관광(11.8%), 디지털문화체험(2.9%), 자연친화활동(0.6%) 순으로 나타나며, 유형별 분류는 창업자가 사업 신청 시 선택한 항목 기준입니다.

구분	거점브랜드	디지털 문화체험	로컬푸드	자연 친화활동	지역가치	지역 기반제조	지역 특화관광	합계
인원(명)	34	5	54	1	34	22	20	170
비율(%)	20.0	2.9	31.8	0.6	20.0	12.9	11.8	100

▶ 2022년도 로컬크리에이터 주요 선정자

• 수도권

사진	소개
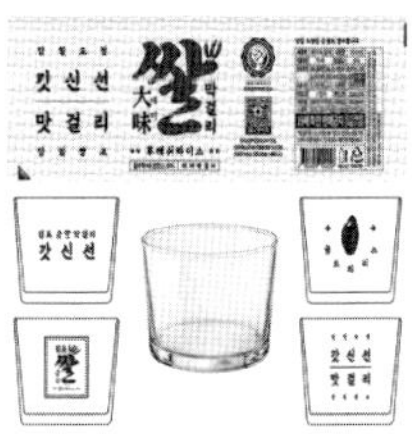	〈농업회사법인 독브루어리(주)〉 ▸(분야) 로컬푸드 ▸(아이템) 김포 금쌀로 빚은 “대미” 막걸리 - 김포 금쌀과 현대 맥주 양조 기법 라거링을 접목하여 잡미를 잡아내고 깔끔함을 강조한 “대미” 막걸리의 대중화 - 경기도 농업기술센터 및 김포 양곡장과 협약을 통해 가공된 벼를 이용하여, 당일 도정된 쌀로 술을 빚어 선도가 중요한 막걸리에 상품성을 특화 ▸(활용자원) 김포 금쌀
 	〈주식회사 펑키테일즈〉 ▸(분야) 지역특화관광 ▸(아이템) 반려동물과 함께 떠나는 인천의 섬 여행 빅데이터 기반 펫 동반 여행 O2O 플랫폼 - 인천의 섬 펫 동반 여행 정보 제공 / 강화도 인삼을 활용한 펫 간식 판매 - 인천의 섬 총 168개 중 유인도 40여 개의 반려동물 동반 여행 정보 - 지역 특산물 소개 및 구매 유도 (반려동물 이용 정보 제공 포함) ▸(활용자원) 인천 유인도, 인천 지역 관광자원, 지역 특산물(강화도 인삼 등)

• 강원

사진	소개
	〈감자아일랜드〉 ▸(분야) 지역기반제조 ▸(아이템) “강원도 감자와 토착효모로 만드는 지역특산 수제맥주” - 지역의 특산품인 감자를 활용하여 지역의 특색을 담은 맥주를 생산하고 관련시설들을 체험하는 관광명소 구축 ▸(활용자원) 강원도 춘천 감자, 토착효모
	〈옆집사람(주)〉 ▸(분야) 거점브랜드 ▸(아이템) “우물시장 마을 브랜드 구축을 위한 문화콘텐츠 공간조성” - 원주 우물시장길을 중심으로 지역 내의 빈집을 활용하여 마을 책방 구성 ▸(활용자원) 원주 우물시장 내 빈집과 마을문화

• 충청

사진	소개
	〈주식회사 피에이엘문화유산센터〉 ▸(분야) 지역가치, 지역특화관광, 거점브랜드, 디지털문화체험 ▸(아이템) 마을 유휴공간 연계 투어프로그램 빅게임 및 기타 역사체험 콘텐츠 - 세종 원도심의 특성과 역사성을 활용한 빅게임 기획 - 지역주민과 연계활동을 통한 일자리 창출 및 문화콘텐츠 조성 ▸(활용자원) 조치원 유휴공간 (미발굴 근대유산 유휴공간)
	〈주식회사 디디살롱〉 ▸(분야) 거점브랜드 ▸(아이템) 내가 가보고 싶은 지역에 사는 작가가 만든 지역굿즈 - 지역에 분산된 다양한 굿즈들을 한데 모아 큐레이션하고 청주를 방문하는 사람들에게 특별한 경험을 제공하고자 합니다. - "굿쥬(청주 지역자원 기반 굿즈 큐레이션)" ▸(활용자원) 청주 지역 문화, 다른 지역 예술인

• 영남

사진	소개
	〈농업회사법인 주식회사 밀과노닐다〉 ▸(분야) 로컬푸드 ▸(아이템) 안동 사과를 이용한 고품격증류주 개발 및 체험프로그램 운영 - 안동 특산품인 사과와 전통 소주의 대표 브랜드인 안동소주를 접목한 사과 소주를 개발 - 안동 맹개마을에서 전통주를 테마로 한 체험프로그램 운영 ▸(활용자원) 안동소주, 안동사과
	〈고결〉 ▸(분야) 지역가치 ▸(아이템) 옛대장간을 문경 문화로 재생한 지역문화스테이 - 문경한지로 디자인된 공간에서/문경천연염색, 누빔 공예로 만든 홈웨어를 입고/문경 식음료를 문경도자기로 즐기며/문경 문화를 온전히 경험할 수 있는 독채 민박 ▸(활용지역자원) 문경시 옛 대장간, 문경전통한지

• 호남

사진	소개
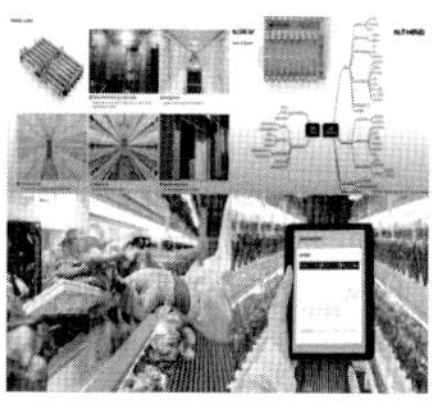	〈두잇 (Doit)〉 ▸(분야) 거점 브랜드 ▸(아이템) "유휴공간을 활용한 미래 도시농업 플랫폼 두잇(Doit)" - 구도심 내 유휴공간 활용 도시 식물공장 콘텐츠 플랫폼 - 주말농장 개념으로 공동 소유가 가능하며 모종심기, 수확 등 체험 가능 - 지역협동조합 형태로 조합원 수익분배, AI+ lot 청년 디지털 전분가 R&D 육성 ▸(활용자원) 광주 지역 내 유휴공간(폐산업시설, 구도심, 폐교)
	〈㈜라온〉 ▸(분야) 지역특화관광 ▸(아이템) "요트로 즐기는 무인도 체험관광투어" - 완도항에서 요트로 15분 정도의 거리에 위치한 무인도 활용, 산책로 조성(포토존) 및 요트 계류장 및 경관조명을 설치하여 주,야간 모두 이용객들에게 힐링의 공간을 제공 ▸(활용자원) 완도군 내 무인도

• 제주

사진	소개
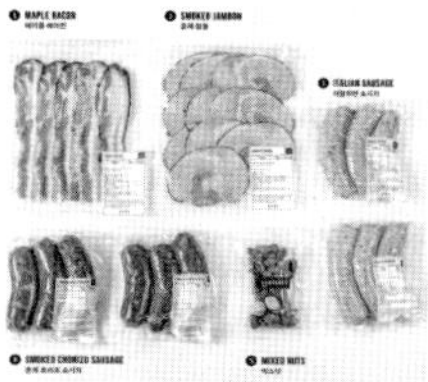	〈피프틴디그리〉 ▸(분야) 로컬푸드 ▸(아이템) "제주산 돼지를 숙성·발효한 유럽형 수제 샤퀴테리" - 제주 흑돼지 비선호 부위를 활용한 제주 흑돼지 샤퀴테리 생산 및 판매 - 육가공 숙성 발효 기술 연구를 통한 고부가가치 창출 ▸(활용자원) "제주 흑돼지"
	〈도담스튜디오〉 ▸(분야) 지역가치 ▸(아이템) "제주 폐플라스틱을 활용한 제주 업사이클 로컬 브랜딩" - 제주 내에서 발생하는 폐플라스틱을 수거, 분쇄, 가공, 기획, 생산, 판매의 순환구조를 구축하여, 업사이클링 제품 생산 판매의 새로운 순환구조 제시 ▸(활용자원) "제주에서 버려지는 폐플라스틱"

▶ 2022년도 로컬크리에이터 협업과제 선정자

• 강원

사진	소개
	〈팀명〉 곤드LAB ▸ (분야) 로컬푸드 ▸ (협업기업) ㈜곤디 등 3개사 ▸ (아이템) "정선열차 런치박스(Lunch Box)" - 강원 로컬푸드 디저트 업체 3개 社가 곤드레를 활용한 "정선열차 런치박스" 개발 및 시골의 정취를 느낄 수 있는 지역 공간인 간이역(정선·나전역) 등에서 관광객 대상으로 新 먹거리를 제공하여 지역농산물 소비 촉진 및 소득향상 도모 ▸ (활용지역자원) 정선 곤드레, 기차역(정선역, 나전역), 정선5일장
	〈팀명〉 카미 ▸ (분야) 로컬푸드 ▸ (협업기업) ㈜컬러풀솔루션 등 3개사 ▸ (아이템) "평창 산양삼꿀단지" - 영양성분이 동일한 파손된 산양삼 등을 지역 농가로부터 직접 수매하여, 지역 농가 경제 활성화함과 동시에, 건강식품이 시장 트렌드를 반영하여 면역 증진 효과를 기대할 수 있는 맛있는 간편 로컬식품 개발 - 서울대학교 평창캠퍼스 그린바이오연구소와 산양삼의 발효 및 동결건조 연구, 서울대 내 산업협력기업과 계약하여 초미세분쇄기술 적용된 산양삼 수급의 기술 개발 ▸ (활용지역자원) 평창 산양삼(지리적표시제 등록 제 55호)

• 호남

사진	소개
	〈팀명〉 식초문화도시 고창 BOKBOKs ▸ (분야) 로컬푸드 ▸ (협업기업) ㈜메리홀리데이 등 4개사 ▸ (아이템) "토핑형 식초", "푸드(신맛)트레블" - 복분자와 식초로 특화되어있는 고창군의 지역특색 및 자원을 활용하여, 기존 식초의 강한 신맛을 개선하고 고창 발사믹을 원료로 제조한 토핑식초 개발 및 식도락과 식초를 매개로 하는 체험프로그램을 결합하여 고창군 관광산업에 활력 부여 ▸ (활용지역자원) 고창의 복분자와 식초
	〈팀명〉 크레인얼라이언스 ▸ (분야) 로컬푸드 ▸ (협업기업) (유)농업회사법인 순천맥주 등 3개사 ▸ (아이템) "로컬기반의 F&B플랫폼 조성을 위한 그로서란트(grocery + restaurant) & 콘텐츠 팝업스토어" - 순천 농식물, 육고기 등을 이용한 로컬푸드 제품개발(밀키트, 맥주 등) 및 공간재생 DIY 제품 제조와 이를 활용한 그로서란트 & 팝업스토어 등 지역자원과 도시재생공간이 결합된 공간 운영 ▸ (활용지역자원) (유형) 맥주보리, 우리밀, 복숭아, 육가공 등 / (무형) 관광지, 랜드마크

• 수도권

사진	소개
 	〈팀명〉 여주 볏짚아트 ▸(분야) 자연친화활동 ▸(협업기업) ㈜메타비 등 3개사 ▸(아이템) 여주 볏짚아트 볏짚놀이터 – 여주 농가의 볏짚을 수거하여 자연 생태 볏짚 프로그램(아트, 미로, 놀이터) 개발 및 체험객에게 로컬푸드를 소개하여 여주 관광 활성화 도모 – 체험 기간 종료 시 사용된 볏짚은 다시 농장에 환원하여 자연순환 실전과 고품실 여주쌀 생간 ▸(활용지역자원) 여주 쌀 산업특구 농가의 볏짚, 영춘농원 내 시설 및 공간
 	〈팀명〉 노포앤로컬숍 ▸(분야) 지역가치 ▸(협업기업) ㈜개항마을 등 3개사 ▸(아이템) '노포앤로컬숍', 노포 X 젊은 사람의 협업을 통한 개항로 활성화 프로젝트 – 1990년대 이후 인천의 낙후지역인 개항로의 오래된가게(노포)가 100년 이상으로 갈 수 있도록 노포와 MZ세대가 연계하여 상품개발 및 주문~판매까지의 모든 과정에 기술과 트렌드를 접목하여 고도화하는 프로젝트 – 노포앤로컬숍의 효과로 수입증대와 관광콘텐츠 제공하여 지역경제활성화에 이바지 가능 ▸(활용지역자원) 개항로 지역의 노포, 노포앤로컬숍

• 충청

사진	소개
	〈팀명〉 제민천 콜렉티브 ▸(분야) 지역특화관광, 거점브랜드 ▸(협업기업) 퍼즐랩 등 3개사 ▸(아이템) 경험형 로컬 라이프스타일 스테이, 로컬하우스 – 공주 제민천을 중심으로 하는 반경 300m 내의 마을 단위 내에 위치한 로컬크리에이터 간의 협업을 통해 마을 내 숙소 제공 및 로컬크리에이터 제품 경험 – 로컬 라이프스타일 클래스 제공하며, 지역 커뮤니티 기반 서비스 체계와 환대서비스, 지역기반 창작자와의 교류 ▸(활용지역자원) (유형) 마을의 유휴공간(빈집), (무형) 마을스테이 중심인 커뮤니티
	〈팀명〉 The Door (더 도어) ▸(분야) 거점브랜드 ▸(협업기업) 피엘큐파트너스 등 3개사 ▸(아이템) 네이버후드 기억 저장소, 유휴공간 활용 프로젝트 – 시대의 흐름 및 동네의 흔적이 남아 있는 유휴공간 재생 프로젝트로 세종시 장욱진생가 문화재생사업과 연계하여 '네이버후드 기억 저장소' 컨셉으로 거점 문화복합 공간 조성 ▸(활용지역자원) 지역별 유휴공간(연동면 장욱진생가 문화재생사업과 연계한 농협창고 또는 공가)

• 영남

사진	소개
 	〈팀명〉 섬마을 복고연구소 ▸(분야) 지역특화관광 ▸(협업기업) 위브부산 등 3개사 ▸(아이템) 부산 영도 '봉산마을 복고캉스' 지역특화 관광상품 운영 - 폐조선소, 깡깡이예술마을 등 골목자원, 각종 영화 및 드라마(범죄와의전쟁, 변호인, 곤지암, 넷플릭스 D.P. 등)의 촬영지인 영도지역의 복고/레트로 컨셉의 체류형 특화관광 - 복고풍 테마의 영도를 중심으로 2박3일, 6박7일, 한달살기 체류형 지역특화 관광콘텐츠로 복고의상대여와 도보투어, 스냅촬영 서비스를 제공 ▸(활용지역자원) 부산시 영도 문화자원(폐조선소, 근대골목, 시장, 지역 스토리 등)
	〈팀명〉 애니먼 ▸(분야) 로컬푸드 ▸(협업기업) 애니먼협동조합 등 3개사 ▸(아이템) 한방원료의 반려동물용 기능성 식품(사료) - 대구 약령시의 한방 관련 역사성 및 한약재를 활용하여, 대한민국의 반려동물가구를 타겟 현대 반려동물이 겪는 생활 질환(알러지, 아토피 등) 개선 및 예방목적인 기능성 반려동물 식품개발, 이를 통한 지속 가능한 약령시 한약재 소비 모델 마련 ▸(활용지역자원) 대구 약령시 한약재

• 제주

사진	소개
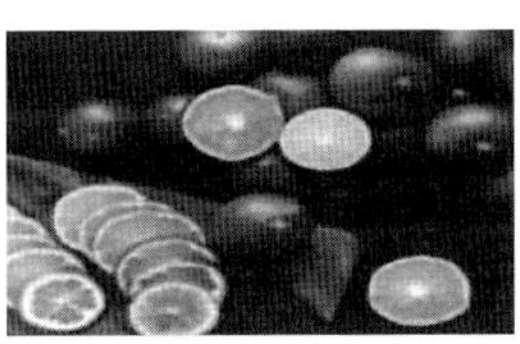	〈팀명〉 주식회사 헬스셋 ▸(분야) 로컬푸드 ▸(협업기업) 주식회사 헬스셋 등 3개사 ▸(아이템) 제주산 로컬 풋귤로 만든 한라산모히또 - 한국의 깔라만시로 알려진 제주지역 특산물인 '풋귤'을 가지고, 특화된 원료 가공 기술을 기반으로 음료(풋귤모히또) 개발 - 제주의 잉여농산물 발생 등에 대한 문제해결과 함께 최근 증가하는 주류시장의 수요 맞춰 숙취해소에 도움이 되고 소주에 섞어 마실 수 있는 음료 제공 ▸(활용지역자원) 제주산 풋귤
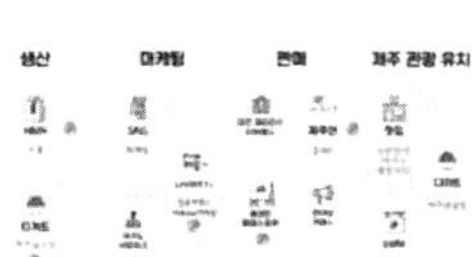	〈팀명〉 제주하모니 ▸(분야) 로컬푸드 ▸(협업기업) 주식회사 무불 등 3개사 ▸(아이템) 제주특산품, 미디어의 조합으로 제주여행 활성화(생산-마케팅-판매-제주관광유치) - 제주 특산물과 문화를 미디어와 마케팅을 연결하여 제주에 많은 관광객이 유입도모 - 제주도 내에서 나오는 농수산물을 맛집에서 가공하여 만든 밀키트(낭푼밥상, 제바나 횟집, 보리개역)을 온라인마케팅을 통한 노출과 제주 내 다양한 오프라인 연결스토어 연결 ▸(활용지역자원) 제주도 문화 및 농·축·수산물

▶ 로컬크리에이터 주요 선정자 (2021년도)

• 거점브랜드

사진	소개
	〈두잉지 주식회사〉 ▸(지역) 세종 ▸(활용지역자원) 조치원 문화정원 ▸(아이템) "[조치원정수장]을 로컬의 거점으로 만드는 두잉지 프로젝트" - 일제시대 폐정수장을 문화공간으로 만든 [조치원문화정원]을 로컬거점화하고 지역 커뮤니티 공간으로 활용하여 다양한 문화 프로그램과 상업시설 운영
	〈제이와이프롬〉 ▸(지역) 전북 ▸(활용지역자원) 산속등대(옛 제지공장) ▸(아이템) "산속등대" - 완주군 내 40여년간 폐공장으로 방치되어 있던 제지공장을 활용하여 지역 내외 방문객이 소통할 수 있는 거점을 조성, 지역관광 및 체험학습의 중심지로 바꿈
 	〈주식회사 퍼즐랩〉 ▸(지역) 충남 ▸(활용지역자원) 원도심 유휴공간(공주시 감영길 12) ▸(아이템) "충청권 로컬크리에이터 푸드마켓 플랫폼" - 공주와 충청권 식음료/농업 관련 로컬크리에이터들의 생산품을 활용한 메뉴 - 개발 및 한 곳에서 경험하고 구입할 수 있는 푸드마켓 플랫폼

• 지역가치

사진	소개
	〈시티앤로컬협동조합〉 ▸(지역) 경남 ▸(아이템) "'진해 그리다' 진해근대역사문화 스토리북 & 드로잉북 제작" ▸(활용지역자원) "경남 창원 진해 일대 근대역사문화" - 진해 소재 근대역사문화와 건축물 스토리 및 시각자료를 활용한 로컬 스토리북 제작 및 스토리북을 활용한 드로잉 체험 프로그램 진행(온오프라인)
 	〈바닐라씨(주)〉 ▸(지역) 광주 ▸(활용지역자원) 광주 인쇄거리 및 독립출판도서 ▸(아이템) "광주 독립출판물을 활용한 로컬 웹드라마 제작" - 광주에서만 볼 수 있는 독립출판물을 선정, 광주 문화예술특구를 배경으로 한 웹드라마를 제작, 광주의 지역서점 및 독립출판물과 관광명소 홍보

사진	소개
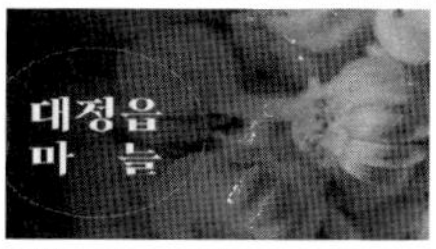 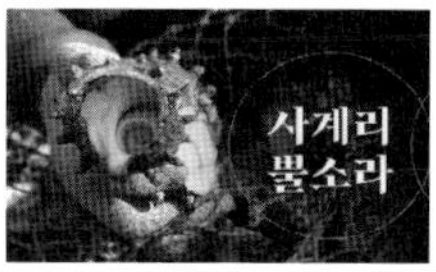	〈주식회사 일로와〉 ▸(지역) 제주 ▸(활용지역자원) 안덕면 뿔소라, 대정읍 마늘, 한림읍 순대 ▸(아이템) 끝올프로젝트 – 안덕면 사계리 어촌계 뿔소라, 대정읍 대정마늘영농조합법인 마늘, 한림읍 남주식품 순대 등 판로개척에 어려움을 겪는 제주 농수축산물을 활용, 제주 청년과 2차 가공상품을 개발하고 온라인 판매 플랫폼을 통해 생산자와 소비자 직접 연결

• 로컬푸드

사진	소개
	〈설악니트로〉 ▸(지역) 강원 ▸(아이템) 강릉, 속초, 평창, 고성 명란/양양 쑥/봉평 메밀 등 로컬푸드 ▸(활용지역자원) "설악젤라또 : 명란, 쑥, 메밀 등 강원도 로컬푸드를 활용한 액화질소 가공 기반 로컬젤라또" – 설악젤라또는 자체적인 젤라또베이스 개발 역량과 액화질소 가공기술을 기반으로 횡성 범산목장 유기농 유제품과 명란 등 강원도 원재료로 만든 로컬 젤라또
안사우정국	〈안사우정국〉 ▸(지역) 경북 ▸(아이템) "6차산업 체험형 농가 레스토랑 안사우정국" ▸(활용지역자원) "의성지역 농산물과 우체국 건물" – 의성 지역 농산물을 활용한 농가레스토랑 운영, 스마트팜을 활용한 농작물 쿠킹 클래스, 의성을 브랜딩하고 의성 지역농산물을 재료로 한 밀키트 제작
	〈주식회사 눈금〉 ▸(지역) 제주 ▸(활용지역자원) 제주 5개 지역의 파지 농산물 활용 ▸(아이템) 제주지역 파지 농산물을 활용한 어린이 편식 개선 밀키트 제작 판매 – 구좌-흙당근, 대정-브로콜리, 고산-조생양파, 한라산-표고버섯, 애월-파프리카 등 제주에서 생산되는 다양한 농산물의 파지를 활용하여 어린이 편식개선 밀키트 제조

• 지역기반제조

사진	소개
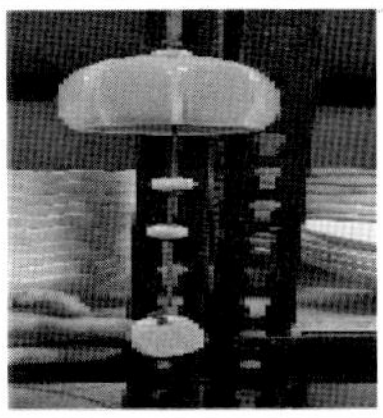	〈주식회사 인포터리〉 ▸(지역) 경북 ▸(활용지역자원) 전국 생산량 70%를 차지하는 성주 참외 ▸(아이템) 지역 대표작물 참외와 도자기를 융합한 기념품 제작 – 성주의 버려지는 참외껍질을 활용하여 참외색 유약 기술 개발, 참외를 모티브로 한 도자기 제품을 제작하여 관광기념품으로 판매 및 DIY 체험 키트 제작
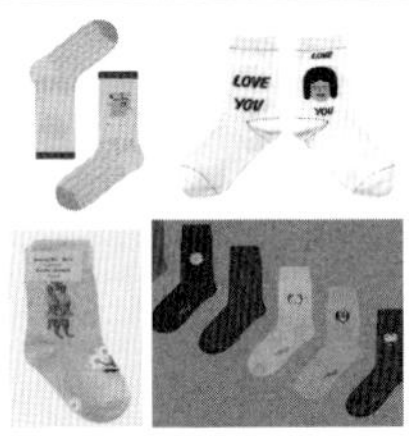	〈오브제플래닛〉 ▸(지역) 서울 ▸(아이템) "EARTHY(얼씨) – 친환경 프리미엄 아트 양말 브랜딩" ▸(활용지역자원) "도봉구 내의 양말제조업체와 예술인, 프리랜서 디자이너들의 협업" – 양말공장이 집중된 도봉구를 중심으로 양말제조업체와 디자이너들이 협업을 통해 자체 디자인 양말을 만들며, 유기농 인증과 친환경 염색 공정을 거친 친환경 양말 제조
	〈해녀복 연구소〉 ▸(지역) 제주 ▸(활용지역자원) 해녀와 해녀복 ▸(아이템) "제주 해녀와 함께 연구하고 검증하는 수상 스포츠웨어" – 제주 해녀의 70퍼센트 이상이 밀집한 제주시 구좌읍과 연계하여 해녀들이 수상 스포츠웨어 디자인 및 개발에 직접 참여할 수 있는 패션 스튜디오 구축

• 지역특화관광

사진	소개
	〈소호259 호스텔〉 ▸(지역) 강원 ▸(지역활용자원) 속초 갯배, 관광수산시장, 등대해수욕장, 영랑호 등 속초 관광지 ▸(아이템) "속초 라이프밸리" – 속초 문화를 이해할 수 있는 골목길 도슨트 투어, 기념품 제작 원데이 클래스, 로컬음식 요리체험 등 지역관광자원을 활용한 다채로운 액티비티 프로그램 제공
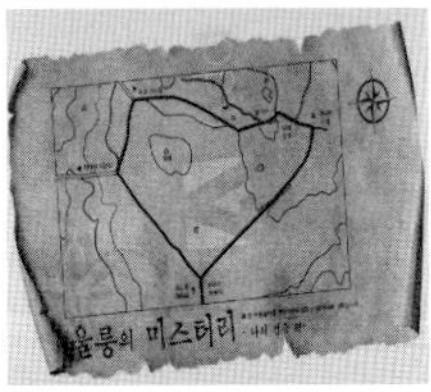	〈노마도르〉 ▸(지역) 경북 ▸(활용지역자원) 울릉도 천혜의 자연 및 설화 ▸(아이템) "아웃도어 추리게임, 울릉의 미스테리를 풀어라" – 울릉도만이 가진 설화를 기반으로 메인스토리 가공 및 지역별 유물, 물적자원 결합을 통해 경험형 추리게임 개발 및 키트, 굿즈 개발
	〈유월상점〉 ▸(지역) 충북 ▸(활용지역자원) 충주 관아골 ▸(아이템) "충주 로컬 여행사 "관아골 컨시어지" 조성" – 우범지대였던 충주 구도심 관아골을 2030 청년들이 찾는 핫플레이스로 탈바꿈, 골목 내 로컬과 여행자를 위한 플랫폼을 구축하고 골목투어 프로그램 개발

• 자연친화활동

사진	소개
	〈주식회사라온서피리조트〉 ▸ (지역) 강원 ▸ (활용지역자원) 강원도 동해바다 유휴해변 ▸ (아이템) “유휴해변 및 공유지 활용을 통한 해양레저 융복합공간 조성” - 미운영 해변 및 공유지 활용을 통해 특색있고 차별화된 해양레저 융복합 공간을 조성하여 강원지역의 청년 일자리 창출 및 관광개발 거점 확보
	〈주식회사 소나기커뮤니케이션〉 ▸ (지역) 충남 ▸ (활용지역자원) 폐교시설((구)화천분교) ▸ (아이템) “폐교를 활용한 로컬 캠핑장 조성사업” - 부모와 자녀가 함께하는 캠핑을 통해 신선한 도고지역 로컬푸드 수확 및 요리체험, 업사이클링 공예, 목공 등 다양한 활동ㄷ할 수 있는 캠핑장으로 운영

• 디지털문화체험

사진	소개
	〈17정글〉 ▸ (지역) 경기 ▸ (활용지역자원) 수원 근대역사자원(수원화성, 나혜석거리 등) ▸ (아이템) 메타버스로 떠나는 100년 전 수원 근대역사기행 - 수원 인문기행 코스(나혜석거리~삼일소학당~공방거리~수원항교)를 메타버스로 구현, 메타버스 페스티벌 개최를 통한 비대면 지역축제 활성화 및 이벤트 진행
	〈주식회사 주렁주렁스튜디오〉 ▸ (지역) 충북 ▸ (아이템) “〈설화탐정AR〉 충북의 사라져가는 구전설화와 증강현실의 만남” ▸ (활용자원) 충북 단양 설화 - 단양의 설화 동화책을 카메라로 인식하여 AR로 즐기고, 독자들이 실제 설화 속 장소에 방문하여 AR을 즐길 수 있는 증강현실 관광 로드 구축

▶ 로컬크리에이터 협업과제 선정자 (2021년도)

• 강원

사진	소개
감자유원지 POTATOPARK	▸(팀명) 감자유원지 ▸(분야) 거점브랜드 ▸(팀 구성) ㈜더루트컴퍼니, 동아식당, 글씨당('20) 등 3개사 ▸(아이템) 강원도 감자를 경험하는 공간, "감자유원지" – 농산물 폐기 감소와 농가 수익 증대를 목표로 못난이 감자를 활용한 F&B 콘텐츠와 감자의 다양한 품종, 재배 스토리 등 농업 콘텐츠 개발 – 강릉 월화거리 내 건물을 임차하여 농식품 리테일샵, 로컬 다이닝 레스토랑, 로컬 콘텐츠 전시 공간 조성
	▸(팀명) 소식 ▸(분야) 지역가치 ▸(팀 현황) 춘천일기('20), 그래도팜('20) 등 2개사 ▸(아이템) 강원도의 소박하지만 소중한 먹거리를 전하는 로컬플랫폼 '소식' – 도내 로컬크리에이터, 로컬 브랜드와 상점을 연계하는 플랫폼 '소식'을 구축하여 로컬푸드를 기반으로 로컬 콘텐츠를 생산, 소비자의 접점 확대
Dorer 강원도래 	▸(팀명) 강원도래 ▸(분야) 로컬푸드 ▸(팀 현황) ㈜싱싱코퍼레이션('21), ㈜써머스 등 2개사 ▸(아이템) 강원도의 빵 '강원도래' – 강원도 대표 전통음식 옥수수범벅을 빵에 접목한 '옥수수범벅빵'과 강원도와 친숙한 동물인 곰을 모티브로 한 캐릭터를 활용하여 로컬 F&B 브랜드 개발

• 수도권

사진	소개
SSAL RICE TO MEET YOU 	▸(팀명) 금광 ▸(분야) 로컬푸드 ▸(팀 현황) 독브루어리㈜, 백오기정, 김포금쌀연구회 등 3개사 ▸(아이템) Rice to meet you, Gimpo – 김포 금쌀로 막걸리와 기정떡 등 식품을 제조, 판매하고 쌀 발효식품 만들기 체험 프로그램과 연계해 지역의 대표 관광 콘텐츠로 개발
 	▸(팀명) Restro project-종로 ▸(분야) 지역기반제조 ▸(팀 현황) ㈜앵커랩('21), 유무형연구소 등 2개사 ▸(아이템) 종로 빈티지 팝업 스토어 – 종로 일대 시계 수리 장인들의 기술을 활용하여 소형 빈티지 제품을 수리·복원하는 빈티지 팝업스토어 운영, 최근 레트로 열풍으로 빈티지 제품에 관심이 많은 20~30대의 방문을 유도

• 충청권

사진	소개
MAHO X QLI 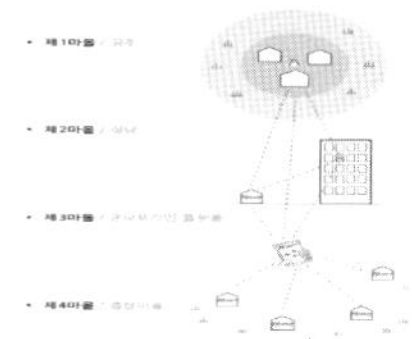	▸(팀명) 마을호텔 X 클리 ▸(분야) 지역가치 ▸(팀 현황) 마을호텔('20), 클리 등 2개사 ▸(아이템) 모두의 마을 - 마을호텔이 공주 지역에서 개발한 유무형의 콘텐츠(로컬 매거진 등 출판물, 공주 밀로 제조한 베이커리 제품 등)를 타 지역에 소개하고 해당 지역의 특화된 로컬 콘텐츠를 발굴하여 다시 공주에 소개하여 지역과 지역을 연결
보탬+ 협동조합 	▸(팀명) 댄싱사이더 컴퍼니 ▸(분야) 거점브랜드 ▸(팀 현황) 유월상점('21), ㈜비전레드 등 2개사 ▸(아이템) 로컬 크래프트 팩토리 CIDER+ 조성 프로젝트 - 충주 구도심의 유휴공간에 충주 지역 사과로 제조한 애플 사이더와 충청 로컬크리에이터의 다양한 제품과 서비스를 체험할 수 있는 거점 공간 조성
	▸(팀명) 꽃이 주렁주렁 ▸(분야) 디지털문화체험 ▸(팀 현황) ㈜주렁주렁스튜디오('21), 꽃마피엔씨 등 2개사 ▸(아이템) 충북 AR 여행 사무국 - 충주시 대표 관광지인 꽃마동산에 충북지역 설화를 소재로 하는 AR 관광 프로그램과 설화를 기반으로 로컬크리에이터가 개발한 식음료 및 소비재 등 제품을 구매할 수 있는 AR 스토어 구축
세종시 삼십분 	▸(팀명) 기차는 사랑을 싣고 ▸(분야) 지역특화관광 ▸(팀 현황) ㈜세종시삼십분('21), 정예다움 등 2개사 ▸(아이템) 세종(조치원) ↔ 대전(소제) 로컬 기차 투어패스 - 세종·대전에 늘어나는 청년층을 타겟으로 조치원역과 대전역(소제동)을 오가며 '먹을거리-볼거리-놀거리'를 해결하는 '로컬 기차 투어패스'를 구성, 대전과 세종 로컬을 연결하고 새로운 지역 관광 콘텐츠 개발

• 호남권

사진	소개
	▸(팀명) 지구의 지구력 ▸(분야) 지역특화관광 ▸(팀 현황) 여수와('20), 유니온키드 등 2개사 ▸(아이템) 에너지제로 마을호텔 - 인구 감소로 가하는 여수 내 빈집을 개조하여 태양광 에너지 활용, 빗물과 해수 담수화를 통한 생활용수 제공 등 친환경 숙박시설을 조성하고 마을주민과 함께 관광 프로그램을 운영하여 지속가능한 숙박 및 관광 서비스 제공
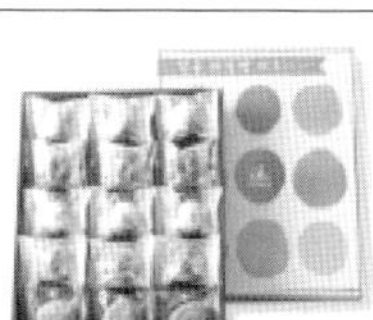	▸(팀명) 푸드당 ▸(분야) 로컬푸드 ▸(팀 현황) 유화당, ㈜푸드네이처 등 2개사 ▸(아이템) 전주 5대 특산물 중 배와 복숭아 활용한 차세대 웰빙 관광특산품 - 전주 5대 특산물 중 소비자 기호도가 높은 배와 복숭아로 과일빵을 개발하고 유화당의 카페형 식품공장에서 로컬푸드 체험 프로그램을 운영

• 영남권

사진	소개
 연당림 YEONDANGLIM	▸ (팀명) 리플레이스 X 단디랩　▸ (분야) 거점브랜드 ▸ (팀 현황) ㈜리플레이스('20), 단디랩 등 2개사 ▸ (아이템) 연당림 프로젝트 - 경북 영양군의 100년 된 한옥 연당고택을 F&B 중심 복합문화공간으로 리모델링, 인근지역에 비해 관광자원이 부족한 영양군에 관광객의 방문을 유도하고 지역 청년에게 일자리를 제공
	▸ (팀명) 팜프라 & 두모마을　▸ (분야) 자연친화활동 ▸ (팀 현황) 팜프라('20), 두모녹색농촌체험마을 등 2개사 ▸ (아이템) 판타지 촌 라이프를 위한 워크스페이스 〈DUMO-WorkS〉 - 남해 두모마을에 이촌 의향이 있는 청년들이 농촌 생활을 체험할 수 있는 팜프라(farm+infra)를 마련하고 지역민과 교류 프로그램 운영
	▸ (팀명) 울주다이닝컬쳐　▸ (분야) 로컬푸드 ▸ (팀 현황) 은경농원('20), 선F&D('20), 도시외양간 등 3개사 ▸ (아이템) "울주 다이닝 컬쳐 타운" - 영남권 최대 수제맥주 양조장인 트레비어 브루어리에서 양조 체험과 울산 한돈, 배, 미역 등을 이용한 소세지 만들기, 울산 미역을 활용한 스낵 만들기 등 온 가족을 위한 체험형 미식 프로그램 운영

• 제주

사진	소개
 RTBP The Generalist	▸ (팀명) 오각집　▸ (분야) 거점브랜드 ▸ (팀 현황) 알티비피얼라이언스㈜('20), 더 제너럴리스트 등 2개사 ▸ (아이템) 전국 로컬크리에이터가 모이는 탑동 끄티 - 제주 원도심의 유휴공간에 조선업을 테마로 한 복합문화공간을 조성하고 제주 커뮤니티 라운지 '오각집'과 협업을 통해 전국의 로컬 콘텐츠를 생산 및 소개하는 로컬크리에이터의 거점으로 성장
CACAO FAMILY cacao & chocolate 해녀의 부엌 허니스트 밀크	▸ (팀명) 바닷마을 크리에이터　▸ (분야) 로컬푸드 ▸ (팀 현황) ㈜카카오패밀리('20), 해녀의부엌('20), 어니스트밀크('21) 등 3개사 ▸ (아이템) 바닷마을 우정국 - 제주지역 로컬푸드 분야 로컬크리에이터가 모여 유휴공간에 공동창고를 구축하는 등 도내 소상공인과 함께 활용 가능한 공동물류 시스템을 마련하여 물류비 절감을 통해 제주지역 로컬푸드 판로 확대

사진	소개
dazayo JEJU GRAPHER 아일랜드박스 mamma recipe calmSpace The제주스토리 CRAFT401 JEJU ARBANG FRIENDS 	▸(팀명) 유휴공간 협업팀 ▸(분야) 지역특화관광 ▸(팀 현황) ㈜다자요('20), 달하제주('20), 아이비제이('20), 주식회사파란공장('20), 제주그래퍼('21), 더제주스토리, 숨스튜디오, 로컬상회, 캄스페이스, 행복나무, 잇더컴퍼니, 크래프트401 등 12개사 ▸(아이템) 로컬 재생 유휴공간을 활용한 동반 성장 프로젝트 - 제주 지역의 유휴공간을 숙박공간으로 재생, 객실 내 어메니티와 간단한 식음료를 로컬크리에이터의 제품을 제공하고 관광 프로그램으로 로컬크리에이터의 서비스를 연계하여 숙박객에게 로컬크리에이터 제품 및 서비스 경험 기회 제공
 Discover JEJU UPCYCLING CRAFT SELFISH WOOD	▸(팀명) 비욘드 제주 BeyondJEJU ▸(분야) 지역특화관광 ▸(팀 현황) 제주맥주('20), 디스커버제주('20), 주식회사 베지근연구소, 캠쓰루, 셀피쉬우드 등 5개사 ▸(아이템) 슬기로운 로컬생활 - 미식, 자연, 체험, 환경이라는 4가지 테마로 제주 원도심과 애월, 조천, 서귀포에서 1주일씩 제주도 로컬크리에이터의 서비스를 체험하는 제주 한달살이 캠페인 운영

2. 중소벤처기업부, 로컬브랜드 창출 사업

▶ 사업 개요

■ (목적) 골목상권 내 **로컬크리에이터·노포** 등이 **상호간의 사업아이템 및 지역의 인적·물적 자산을 연결**하는 로컬브랜드 구축

○ 창의적 소상공인이 모여 **연관산업으로 확장**되고, 제조업이 결합하여 **골목산업으로 발전**되는 등 **골목상권이 골목산업**으로 발전

* (예: 강릉) 테라로사, 보헤미안 등 **커피문화 확산** → 커피 재배, 커피거리 축제·스테이 등 **연관산업 결합** → **커피가공** 및 커피찌꺼기 **업사이클링 제조업 확장**

〈 로컬상권이 골목산업화되는 과정 〉

(1) 창의적 소상공인		(2) 연관산업 확장		(3) 골목 산업화
지역자원을 활용한 **거점브랜드**로 성장	⇒	서비스 체험, 이벤트, 스테이, 교육 등이 결합, **골목 브랜드화**	⇒	전후방 제조업이 결합되어 **골목산업화**

■ (지원 대상) 반경 1Km 이내 **로컬크리에이터 등 3개사 이상**(소상공인 1개 이상 포함 필수)이 팀을 구성하여 지원

*상권 기획 및 지역(상권)관리 모델 필수

■ (규모) **4개소(이태원, 인천 개항로, 공주 제민천, 군산 영화타운)**

■ (지원내용) 골목상권의 브랜드화를 위한 상권 기획, 교육·컨설팅, 사업화 등 협업에 소요되는 자금 등 지원

구분	지원내용
기획	상권 리서치 및 기획
교육·컨설팅	노포 연계 혁신 및 교육·컨설팅 프로그램 운영
사업화	상권 사업화(공동 브랜딩 및 상품개발, 골목브랜드 지재권 창출 등), 공동작업장 구축 및 시설개선 등

〈 참고: 상권 대분류별 평균 성장률(%) 〉

상권	정의	평균성장률
골목	**새롭게 활성화된 근린상권이나 기존 상권의 배후지역**	**15.3%**
중심	중심지의 위치한 전형적인 도심상권	8.7%
대로변	주요 권역의 거점 상권	8.9%
몰링	대형 쇼핑몰 중심의 상권	4.9%

▶ 선정 현황

1. 서울 이태원(어반플레이)

○ **(로컬브랜드)** 이태원 헤리티지(서울시 용산구)

○ **(팀 구성)** 시티백(대표 고병철, 감성 레트로 라운지펍), 컨퀘스트코퍼레이션(대표 손석준, 이태원 특화 메뉴)

○ **(상권 개요)** 외국인이 많은 지역으로 스트리트 문화의 발상지이고 고유의 문화를 형성했으나, 코로나 및 이태원 참사 등으로 침체 중

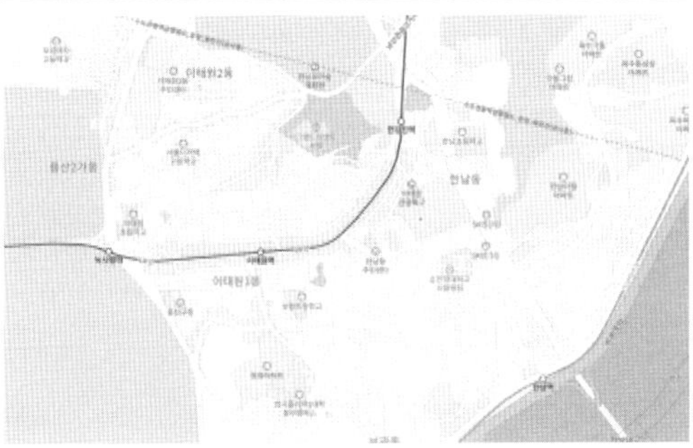

○ **(창출전략)** 소상공인, 예술가, 창작자, 기획자들의 네트워킹 플랫폼 구축으로 야간영업상점, 낮은 창업가·예술가가 참여 이태원 문화의 다양성 회복

- 이태원 기반 서브컬쳐 크리에이터 및 주요 기업들과 연계하여 로컬 아티스트 서포트 팝업스토어 운영

2. 인천 개항로(개항마을)

○ **(로컬브랜드)** 미미유니버스(인천 중구 개항로)

○ **(팀 구성)** ㈜칼리가리브루잉(대표 박지훈, 인천맥주 제조), 개항백화(대표 최준식, 로컬 편집숍)

○ **(상권 개요)** 개항로에는 타 상권이 카피할 수 없는 노포 및 장인이 많고, 로컬×노포 협업이 많아 '올드 앤 뉴'(레트로) 상권 형성

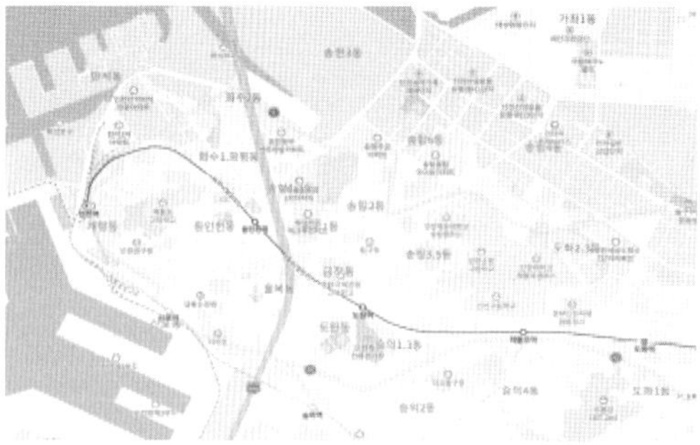

○ **(창출전략)** 지역연계 아이템 '쩐주'를 개발하고, '마계인천' 이미지를 역으로 활용한 공동브랜드 개발 및 이슈 창출

3. 공주 제민천

○ **(로컬브랜드)** 제민천 독립 브랜드 타운(충청남도 공주시)

○ **(팀 구성)** 고마다락(대표 민광동, 로컬상품·공간 운영), 주식회사 어콜렉티브(대표 김현정, 곡물 경험 브랜드 운영)

○ **(상권 개요)** 상권 내 프랜차이즈가 없고 다양한 로컬크리에이터 밀집, 제민천을 중심으로 상권 및 관광자원 도보이동 가능

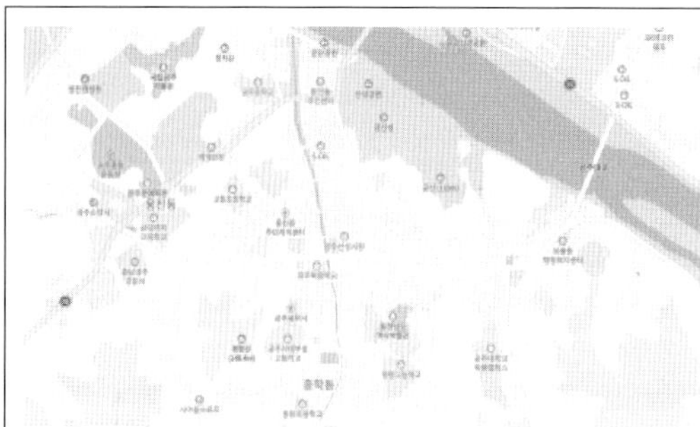
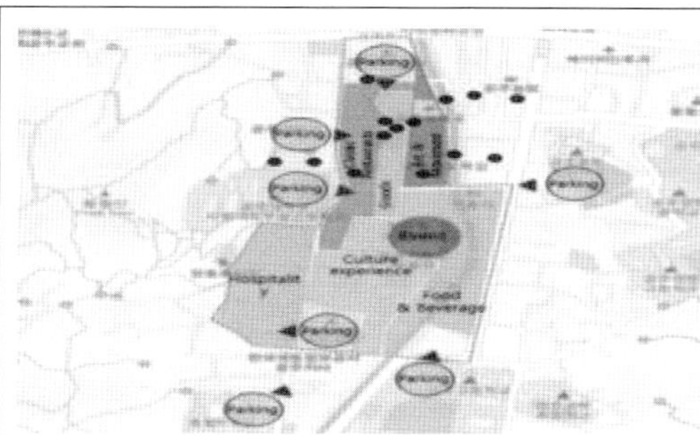

○ **(창출전략)** 제민천 일대를 하나의 '지붕없는 Mall'로 브랜딩하여 외부 방문객 유치 확대 및 체류시간 증대

– 창업자의 개성과 취향이 드러나는 대표 독립브랜드(3~5개소)를 발굴하고 연계 아이템을 개발하여 독립 브랜드 타운 조성

4. 전북 군산 영화·월명동

○ **(로컬브랜드)** 개복 마르쉐(전라북도 군산시)

○ **(팀 구성)** 언더독스 주식회사(대표 조상래, 창업교육), 야뭄씨네(대표 김현진, 로컬 콘텐츠 중심 홍보·마케팅)

○ **(상권 개요)** 군산의 원도심은 근대역사지구로 많은 관광객을 유치하고 있으나 로컬 콘텐츠들이 구심점 없이 개별적으로 활동 중

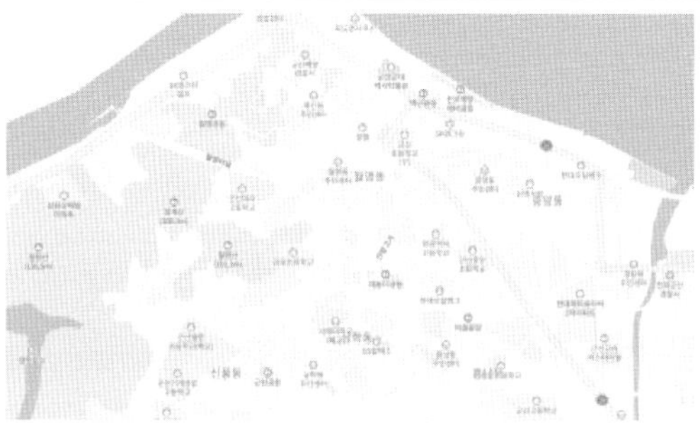

○ **(창출전략)** '모과광장'을 중심으로 크리에이터형 라이프스타일을 반영한 편집샵, 리테일 등을 입점시켜 광장형 마켓플레이스 구축

- 기존에 조성·운영 중이던 '영화타운', '술익는마을'과 연계하여 지역 콘텐츠 심화 및 고도화하여 내발적 시너지 모델 창출

3. 행정안전부 생활권 단위 로컬브랜딩 활성화 지원사업 현황

▶ 「생활권 단위 로컬브랜딩 활성화 지원사업」 공모 선정 결과 (2023년도)

연번	지자체	사업명	비고
1	부산광역시 해운대구	소셜플랜을 담은 로컬 공유 플랫폼, 해운대 플랫폼 1934	
2	광주광역시 서구	마을이 체육관, 피지컬 발산!	
3	강원도 춘천시	영감의 물길이 흐르는 도심 속 로컬 작업장, 약사천	
4	충청북도 충주시	로컬커뮤니티 앵커 타운, 「관아밸리」	
5	충청남도 천안시	로컬크루가 만들어 나가는 공간, "옛 법원길 프로젝트"	
6	전라북도 장수군	한국의 샤모니 "장수 트레일 빌리지"	*인구감소지역
7	전라남도 곡성군	뚝방마켓 날개를 달다	*인구감소지역
8	경상북도 구미시	슬로우 북 라이프,금리단길	
9	경상북도 청도군	나만의 청도 여행탐구생활, 「고수구길 웰컴문화정류장」	*인구감소지역
10	제주특별자치도	제주의 마음을 전합니다 "김녕, 해녀마을"	

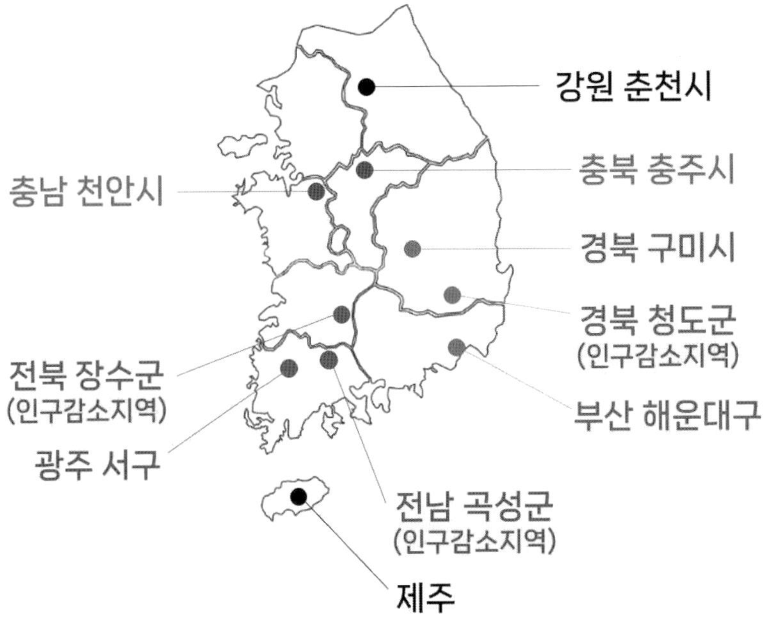

4. 행정안전부
청년마을 만들기 지원사업 현황

▶ 청년마을 조성 현황 (2018~2023년)

구분	지역	청년마을명	운영주체
2018	전남 목포시	괜찮아마을	㈜공장공장
2019	충남 서천시	삶기술학교	㈜자이엔트
2020	경북 문경시	달빛탐사대	가치살자
2021 (12개)	부산 동구	이바구마을	㈜공공플랜
	인천 강화군	강화유니버스	협동조합 청풍
	울산 울주군	발효(醱酵)마을	공동체창의지원네트워크
	강원 강릉시	강릉살자	㈜더웨이브컴퍼니
	충북 괴산군	뭐하농스	농업회사법인㈜뭐하농
	충남 공주시	자유도	㈜퍼즐랩
	충남 청양군	로컬몬스터	청년협동조합 청양사람
	전북 완주군	다음_타운	씨앗문화예술협동조합
	전남 신안군	주섬주섬마을	스픽스
	경북 상주시	054마을	이인삼각협동조합
	경북 영덕군	뚜벅이마을	㈜메이드인피플
	경남 거제시	아웃도어 아일랜드	㈜공유를위한창조
2022 (12개)	강원 태백시	광광스토리지	㈜널티
	강원 속초시	라이프 밸리	㈜트리밸
	강원 영월군	밭멍	농업회사법인㈜이었던
	충남 아산시	DOGO온천	사회적협동조합 온어스
	충남 태안군	오락발전소	㈜오락발전소
	전북 군산시	술익는마을	㈜지방
	전남 강진군	병영창작상단	아트랩소디
	경북 경주시	가자미마을	㈜마카모디
	경북 의성군	나만의-성	사회적협동조합 menTory
	경북 예천군	생텀마을	용두리 호두
	경남 하동군	오히려 하동	㈜다른파도
	경남 함양군	고마워! 할매	㈜숲속언니들
2023 (12개)	세종 연서면	농땡이사업단	방앗간코리아㈜
	강원 홍천군	와썹타운	업타운
	충북 보은군	라이더 테마 마을	삶은동네
	충북 진천군	스마트팜 취향마을	만나씨이에이㈜
	충남 홍성군	농촌형 스타트업 빌리지	초록코끼리
	충남 예산군	슬슬해유	㈜잇는연구소
	전북 익산시	지구장이마을	(유)사각사각
	전남 고흥군	신촌 포레스트	아고라솔루션
	전남 영암군	T570	문화창작소
	경북 영천시	와인에 취하리	㈜리드로컬
	경북 고령군	글로벌 뮤직빌리지	㈜청년다운타운
	경남 의령군	조선팝학교	홍의별곡

▶ 전국 청년마을 현황 지도 (2018~2023)

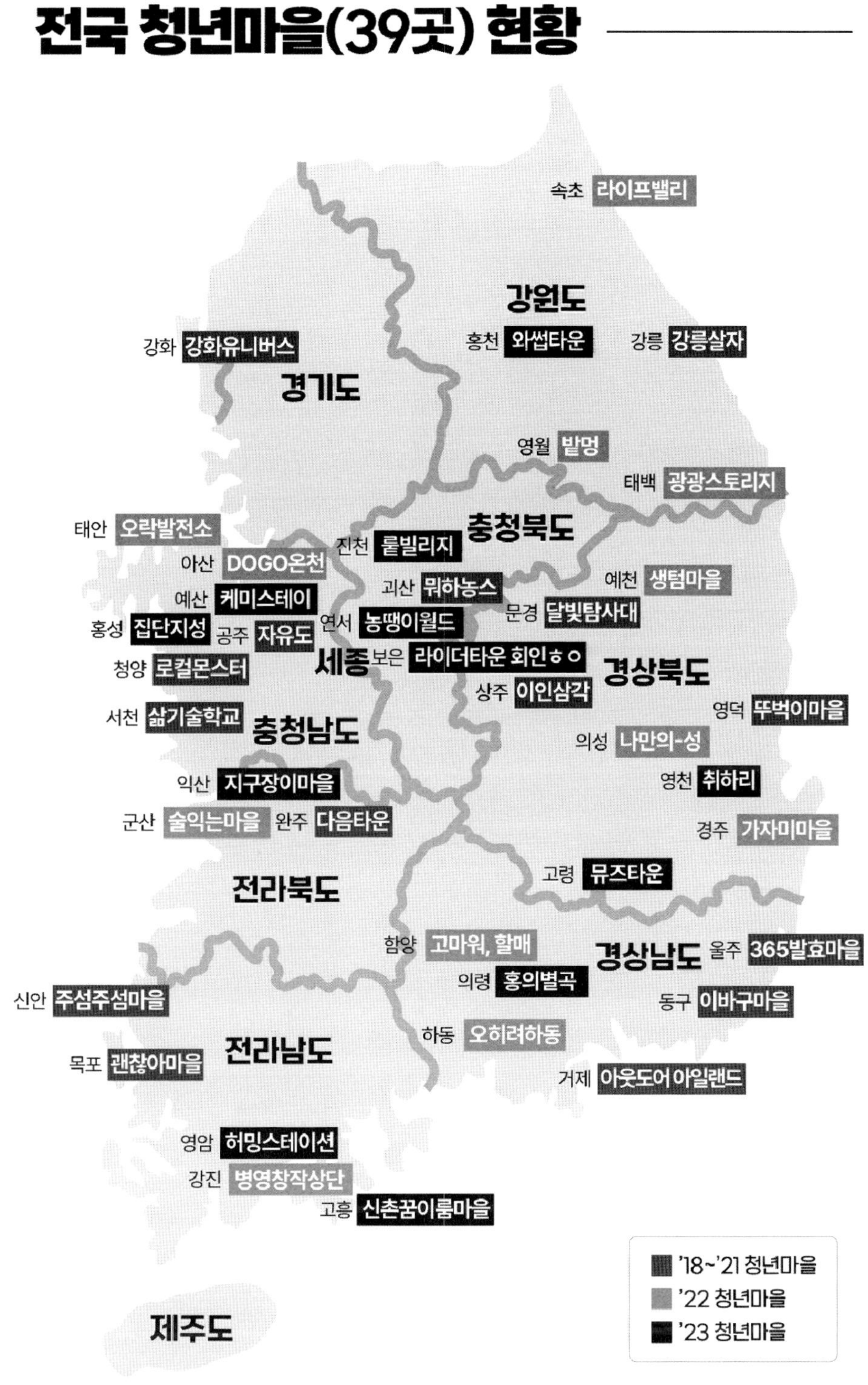

▶ 2023년 청년마을 사업 주요내용

선정지역		사업 주요내용
세종	연서면 방앗간코리아㈜	[자급자족 농촌 라이프, 농땡이사업단] • 농산물 HACCP 가공, 식당운영, 농촌체험 강사, 마을잔치 등
강원	홍천군(서석면) 업타운	[농촌이 미래다. 新새마을운동, 와썹타운] • 로컬기업 탐색 및 창업 아이템 개발, 오일장 활성화 등
충북	보은군(회인면) 삶은동네	[라이더 문화를 즐길 수 있는, 라이더 테마 마을] • 자전거, 오토바이 등 라이더 특화 창업 지원
	진천군(이월면) 만나씨이에이㈜	[스마트팜을 활용한 귀농·귀촌, 스마트팜 취향마을] • 스마프팜 교육, 농산물 활용 F&B 창업, 취향모임 등
충남	홍성군(광천읍) 초록코끼리	[성장과 가능성의 농촌을 만들어갈 농촌형 스타트업 빌리지] • 농업·식품·콘텐츠별 선배 스타트업 멘토링 및 창업
	예산군(예산읍) ㈜잇는연구소	[슬기로운 슬로우 라이프, 슬슬해유] • 재래시장 등 구도심 투어 개발, 로컬 편집숍 운영 등
전북	익산시(중앙동) (유)사각사각	[백제 공예기술을 에코 기술로 재해석한 지구장이마을] • 친환경 수공예제품 개발, 비건식당, 환경축제 등
전남	고흥군(포두면) 아고라솔루션	[동물과 자연으로 치유·힐링하는, 신촌 포레스트] • 앵무새체험장, 승마교육장, 편백나무숲 등 활용 창업
	영암군(영암읍) 문화창작소	[청년예술가가 머무는 매력적인 버스터미널, T570] • 전시 및 공연장, F&B 창업, 편집숍 운영 등
경북	영천시(금호읍) ㈜리드로컬	[MZ 와인문화로 재탄생하는, 와인에 취하리] • 와인 경험 콘텐츠 개발, 지역 와이너리 브랜딩, 와인축제 등
	고령군(대가야읍) ㈜청년다운타운	[가야 음악과 문화를 계승하는, 글로벌 뮤직빌리지] • 국악, 퓨전음악 등 공연·관광 콘텐츠 개발, 뮤직축제 등
경남	의령군(칠곡면) 홍의별곡	[밤에는 음악하고 낮에는 창업하는, 조선팝학교] • 음악 공연 및 축제, 지역자연 활용 창업 등

▶ 2022년 청년마을 사업 주요내용

선정지역		사업 주요내용
강원	속초시(동명동) ㈜트리밸	[청년의 꿈을 마음대로 펼칠 수 있는 라이프 밸리] • 지역 청년의 커뮤니티를 만들고 지역을 위한 혁신 콘텐츠를 실험할 수 있는 인큐베이팅 테스트베드 제공
	태백시(장성동) ㈜널티	[서로의 비빌언덕이 되는 청년동사무소, 남쪽모서리 마을] • 지역문화콘텐츠에 관심이 있는 청년들에게 지역전문가를 매칭해 태백을 소개하고 일 경험을 통해 정착 지원
	영월군(상동읍) 농업회사법인 ㈜이었던	[자급자족하는 삶, 마을, 사회를 실현하는 밭멍] • 국내에 잘 알려지지 않은 '퍼머컬처'로 청년들의 정착을 돕기 위해 경험/확산, 재분배, 정착/확장 3단계로 청년마을 조성
충남	아산시(도고면) 온어스	[따뜻한 사람들과 함께 머물고 싶은 마을, DOGO 온천] • 현지청년에게는 로컬브랜드 창출을 돕고, 외지청년에게는 도전의 기회를 제공해 지역에 정착할 수 있도록 지원
	태안군(이원면) ㈜오락발전소	[세계인이 부러워하는 新한류발전소, 오락발전소] • 청년예술인이 모여 지역의 문화를 업사이클링 하고 지역 문화예술축제 관광 플랫폼이 되어 청년 정착 환경 조성
전북	군산시(신흥동) ㈜지방	[청년과 마을의 관계가 깊게 익어가는, 술 익는 마을] • 군산만의 수제 청주 비즈니스를 개발하고 양조 문화를 기반으로 새로운 삶의 방식을 만들어가는 청년마을
전남	강진군(강진읍) 아트 랩소디	[떠돌아다니던 이야기가 마침내 정착하는 곳, 상상도원] • 지역주민과 청년이 함께 강진과 자신만의 이야기를 발견하는 아트 워크숍을 제공해 강진에서의 삶을 모색
경북	경주시(감포읍) ㈜마카모디	[리얼버라이어티 빌리지, 가자미마을] • 감포의 대표자원인 가자미를 매개로 식당, 영화 제작, 마을 여행 등 리얼 버라이어티 예능 컨셉 정착 프로그램 제공
	의성군(의성읍) 사회적협동조합 menTory	[나의 의미를 이뤄가는 곳, 로컬러닝랩 : 나만의-성] • 의성 내 소셜임팩트를 만들고 의성을 담은 상품 개발과 크리에이티브 활동을 통해 지역에서 자신만의 삶 구축
	예천군(효자면) 용두리 호두	[힐링과 치유의 긍정에너지 소백산 생텀마을] • 효자면의 자연, 생텀마을의 힐링 노하우, 그리고 청년들의 기발한 힐링 콘텐츠를 결합하여 청년의 힐링 직업 창출
경남	하동군(하동읍) ㈜다른파도	[오히려 하동이라서 좋아] • 다양한 직업의 청년들이 하동에서의 삶을 스스로 설계할 수 있도록 라이프스타일 빌딩 카드 개발 및 제공
	함양군(함양읍) ㈜숲속언니들	[시골할매와 도시손녀의 맛있는 이야기, 고마워! 할매] • 지역의 할머니와 청년을 연결하고 청년의 재능과 지역 자원을 연계해 지역에서의 삶을 모색하도록 지원

▶ 2021년 청년마을 사업 주요내용

선정지역		사업 주요내용
부산	동구(초량동)소멸 ㈜공공플랜	[소통으로 길을 연결하는 이바구 마을] • 이바구마을(도시민박촌)을 거점으로 지역자원(빈집, 공유공간 등)을 활용한 사회적 가치를 실현하는 창업·창직 지원
인천	강화군(강화읍)소멸 협동조합 청풍	[자신의 삶을 만들어 가는 마을의 주인 Local Master] • 청년과 지역주민이 오랜 시간 쌓아 올린 협력의 경험을 나누고 응원하는 공동체 방식의 삶 모색
울산	울주군(상북면) 발효문화㈜	[마음과 몸, 꿈을 발효하는 365醱酵마을] • 지역 내 발효식품(장류·김치·술·요거트 등) 장인에게 제조법을 배워 제품 개발 및 발효 식당·마켓·카페 창업 지원
강원	강릉시(중앙동)소멸 ㈜더웨이브컴퍼니	["강릉(떠나지 말고, 이주해 와서) 살자"] • 중앙동 일대의 청년 창업가와 지역 소상공인들이 청년들에게 기술멘토링을 실시하는 창업공동체 형성
충북	괴산군(감물면)소멸 ㈜뭐하농	[뭐하는 농부들, 뭐하농] • 농업이론 교육, 다양한 농업 실습, 청년농업인 멘토링 등 농업경영 노하우를 전수하여 청년귀농인 정착 지원
충남	청양군(청양읍)소멸 청년협동조합 청양사람	[청양의 맛있는 동네, '청·맛·동'] • 청년들의 독특한 기술력과 아이디어를 통해 청양의 지역자원(고추·구기자·멜론 등)을 활용한 지역상품 제작·판매
	공주시(중학동)소멸 ㈜퍼즐랩	[청년이 디자인하고 제안하는 High-end Local] • 백제 및 근대문화 유산을 간직한 공주 원도심에 정착한 청년팀의 사례를 전수하여 창업 활동 지원
전북	완주군(고산면)소멸 씨앗문화예술협동조합	[청년을 환대하는 지역, 지역에서 완주하는 청년] • 사람과 일, 정보가 오가는 비빌언덕중개사무소를 통해 상생창업, 공간모색, 지역-청년 교류 등 정착지원
전남	신안군(안좌면)소멸 스픽스	[노두(섬과 섬을 잇는) 마을] • 아름다운 섬과 문화자원을 활용할 수 있는 청년 문화·예술인 정착 지원
경북	영덕군(영해면)소멸 ㈜메이드인피플	[천천히 걸어가고 싶은 청년들의 터전, 뚜벅이 마을] • 영덕 블루로드(트래킹 코스)와 영해면 근대문화역사거리를 중심으로 걷기를 좋아하는 청년들이 트레킹 마을 조성
	상주시(남원동)소멸 무양주택 외 8개업체	[우리처럼 살 수 있어요, 이인삼각 로컬러닝메이트] • 남원동에 정착한 청년창업자들이 지역 경험과 경제적 자립 경험을 밀착코칭하여 안정적 정착 지원
경남	거제시(장승포동) ㈜공유를위한창조	[청년들의 아웃도어 라이프가 있는 아웃도어 아일랜드] • 목공을 좋아하는 마케터, 캠핑을 즐기는 기획자, 서핑을 사랑하는 공간운영자 등이 모여 아웃도어 비즈니스 창출

5. 문화체육관광부, 우수 관광벤처 현황

▶ 2023년 우수 관광벤처 문화체육관광부 장관상 수상기업

구분	기업명	주요실적
성징 관광벤처 (기업성장)	주식회사 트립비토즈 	영상기반 차세대 여행/숙박 예약 플랫폼(B2C), 전세계 100만개 숙박시설 최저가 예약 시스템 구축 싱가포르관광청 MOU 체결 등 해외진출 활발
성장 관광벤처 (일자리 창출)	주식회사 짐캐리 	기차역·공항 짐 보관 및 당일 짐 운송 서비스 플랫폼 코레일(14개 역사) 대상 KTX 특송 서비스 업무협약 체결, 공항 서비스 연계 등 지역 간 이동으로 서비스 확장
초기 관광벤처	주식회사 레인포컴퍼니 LANE4	기사 포함 프리미엄 모빌리티 플랫폼 LANE4 외국인 전용 영문 예약페이지/결제 솔루션 구축 공항 이동 서비스 채널 확대(티맵,카찹 등 연동) 티맵모빌리티, 삼성카드, 마스터카드 등 제휴 계약 체결
관광 글로벌 챌린지 프로그램	주식회사 트래블월렛 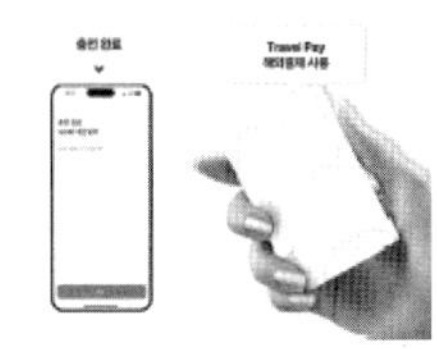	전 세계 여행지 액티비티 예약, 외화선불카드 플랫폼 싱가포르 법인 설립완료, 주요 타깃시장(싱가포르, 일본) 내 현지 파트너사 제휴 체결 글로벌 고객 확보를 위한 해외 캠페인 진행
관광 액셀러 레이팅	주식회사 트립소다 	여행 커뮤니티와 커머스를 결합, FIT 모객 특화 여행 플랫폼 실시간 GPS 기반 근거리 여행자 커뮤니케이션, 여행자 취향 데이터 기반 동행 매칭 기능 운영 트립소다 MAU 6만, 사용자 유지 82% 상승
관광플러스 팁스	주식회사 반려생활 	반려동물 동반 여행 예약 플랫폼 SKT, 현대카드, 메리츠보험, 등 제휴사 신규 확대 플랫폼 내 레저예약, 숙소직계약 시스템 개발 반려동물 동반 체험상품 25개 개발 및 상품화
관광기업 혁신바우처	에이엔더블유 	야간관광 특화 멀티미디어아트 콘텐츠 서비스 혁신바우처 사업을 통해 모바일앱 개발, 사용자 접근성 개선 방문객이 걸으며 체험가능한 AR, 미디어아트 구현

▶ 2022년도 우수 관광벤처 사업 현황

• 성장관광벤처 부문

구분	기업명(사업내용)	주요 실적
기업성장 부문 최우수 (장관상) '22년 성장관광벤처	㈜트래블메이커스 (프리미엄 호텔스테이 플랫폼, 호텔에삶) [대표 : 김병주]	• '호텔에서 한달살기' 상품 등 프리미엄호텔 장기투숙 서비스(호텔에삶) 제공 • 국내최초 호텔 롱스테이 전용 예약 솔루션 개발 • 창업 3년차 흑자 전환 실현('21년 2.2억원) • '22년도 신용보증기금 '퍼스트펭귄' 선정
기업성장 부문 우수 (사장상) '21년 성장관광벤처	㈜이네이블(O2O 기반의 기차여행 플랫폼)  [대표 : 남욱]	• 'SRTPlay'앱을 중심으로 모빌리티, 엔터테인먼트 등 연계한 융합서비스 플랫폼으로 발전 중 • '여행가는 달' 통해 17억 판매, 주문건수 5만7천건 달성
일자리창출 부문 최우수 (장관상) '21년 성장관광벤처	캡슐미디어 주식회사 (3D 실감형 여행영상 콘텐츠플랫폼) CAPSULE MEDIA [대표 : 이종근]	• 지역별 여행 크리에이터 육성을 통한 홍보 영상 제작 활성화(강원도 총 200편 영상 제작 지원) - 협업 크리에이터 1,200명 이상, 영상제작 1,500편
일자리창출 부문 우수 (사장상) '22년 성장관광벤처	㈜솜씨당컴퍼니 (체험콘텐츠 플랫폼)  [대표 : 정명원]	• 경험중심의 여행문화 확장을 위해 전국의 지역콘텐츠 결합한 "취미로드 콘텐츠" 개발 - 양질의 콘텐츠 개발을 위해 로컬전문가 1,600명과 체험여행 콘텐츠 2,700개 확보 • 협약기간 중 상품 56,000여건 판매 성사
신입부문 최우수 (사장상) '22년 성장관광벤처	㈜ 어딩 (여행산업의 DX 구축 위한 Saas 기반 B2B 플랫폼) 어딩 [대표 : 김영준]	• 중소여행사의 ERP 시스템 도입을 통해 전통여행사의 DX 초기 구축 지원 - 여행사의 생산성 개선을 위한 에코시스템 개발 등(CRM, 고객센터 전산화 등)
신입부문 우수 (사장상) '22년 성장관광벤처	㈜ 짐캐리 (여행짐 당일 배송서비스)  [대표 : 손진현]	• 짐캐리 에어패스 플랫폼 개발로 국내선여객 위탁수하물 배송서비스 본격추진 (기존 김포 1개소에서 김해 등 5개소 추가) • 기존 서울-부산에서 강릉, 경주, 여수, 제주지역으로 서비스지역 확장

구분	기업명(사업내용)	주요 실적
졸업부문 최우수 (사장상) '17년 성장관광벤처	㈜ 한복남 (한복체험 여행상품) HANBOKNAM [대표 : 박세상]	• 한복체험('의')를 넘어 전주한옥마을 내 MZ 타깃 전통주 펍 '더 마시랑게', 전통차 '마시랑게' 신사업('식') 발굴 및 활성화 • 테마파크 '미스테리대저택' 오픈 등 전주한옥마을에 '전통' 콘텐츠 개발을 통한 관광요소 다양화 도모
졸업부문 우수 (사장상) '17년 성장관광벤처	레드테이블 (스마트 음식관광 플랫폼)  [대표 : 도해용]	• 음식관광 빅데이터 구축 및 스마트관광도시(울산) 사업의 음식관광 부문 참여 • 구글 검색과 지도, KLOOK, KKday 등 해외 OTA 및 SK베네피아, 위메프 등 국내채널에 음식관광 상품 지속적 공급

• 초기관광벤처 부문

구분	기업명(사업내용)	주요 실적
최우수 (장관상)	주식회사 비르투컴퍼니 (자전거 여행서비스 플랫폼) roundel [대표 : 윤준용]	• 자전거 운송·보관·숙박 등 자전거여행 활성화 서비스 제공 • 신규 케이스 2종 개발 완료 및 MOU 체결, 판로확대 6건(노랑풍선과 여행상품 개발 및 공동사업에 대한 협약)
우수 (사장상)	㈜ 야조 (호텔여행 모바일 컨시어지 서비스 플랫폼) YAJO [대표 : 박재현]	• 중소형 숙박시설의 F&B 서비스 운영을 맛집 음식배달로 연결함으로써 중소형 숙박시설과 소상공인들 매출 상승에 기여 • 서울 소재 호텔과 제휴계약 7건 체결 완료
우수 (사장상)	주식회사 메이크웍스커뮤니케이션 (GIS 캠핑모빌리티 O2O 플랫폼) 캠핑생활 [대표 : 정현우]	• 캠핑카 이용객 대상 '캠핑생활' 플랫폼의 고객 맞춤 서비스 편의기능 제공, 고객 데이터(GIS) 확보 • 국내 최대 캠핑카 페스티벌 개최로 신규 및 기존 고객 유지를 통해 캠핑모빌리티 데이터 인프라 확충
우수 (사장상)	㈜ 아이코닉무브먼트 (그래픽 기술 디지털 아트 제작)  [대표 : 심혁진]	• 2030 엑스포 부산 유치 아나모픽 실감형 콘텐츠 제작 및 송출 • 2022 중기부 장관상 수상, 벤처기업 인증, 신용보증기금 Start-up NEST 12기 선정

구분	기업명(사업내용)	주요 실적
장려 (사장상)	㈜마이스링크 (마이스 주체를 위한 예약 자동화 솔루션)  [대표 : 이현진]	• 컨벤션 주최자, 참여자, 공급자간 올인원 온라인 예약 솔루션 제공 • 노랑풍선과 MOU 체결, 50개 이상의 공급사 확보 • 원활한 MRTS 시스템 이용을 위한 고객 대상 온오프라인 교육 및 MRTS 특허 출원 진행 중
장려 (사장상)	감자아일랜드 (강원도 감자로 만든 지역특산 수제맥주) [대표 : 김규현]	• 강원도지역 특산 수제맥주를 제작하여 지역과의 상생모델 구축으로 지역관광 활성화 • 대형 유통채널 진입(전국 롯데백화점, 춘천 이마트, 신세계강남, 서울권 현대백화점 입점) 및 약 95개 도소매 유통 완료
장려 (사장상)	주식회사 펫온 (반려동물 정보제공 플랫폼) [대표 : 오형택]	• 지도기반 반려견 동반출입장소 정보를 제공하는 O2O 플랫폼 펫온(Peton) 운영 – 앱 하나로 병원/숙박예약, 용품 구매 등 해결
장려 (사장상)	주식회사 링크플러스온 (태그그립 교통카드)  [대표 : 백승현]	• 외국인 관광객용 NFC기반 교통/유통 결제 휴대폰 폼펙터(Form-Factor) '태그그립' • 교통사업자 기존 캐시비에 티머니 확대 및 자개, 디즈니 캐릭터 등 관광 디자인 8종 신규개발, 롯데월드, 진에어, 롯데카드 등 제휴 판매사 다각화 실시

• 예비관광벤처 부문

구분	기업명(사업내용)	주요 실적
최우수 (사장상)	무명일기 (영도의 사람과 바다를 담은 복합문화공간)  [대표 : 김미연]	• 부산 영도가 가진 다양함을 담아 방문객들에게 미식('영도소반'), 큐레이션 팝업 전시('무명전') 등의 콘텐츠 제공하는 복합문화공간('무명일기') 운영 • 부산관광공사 원아시아페스티벌 부산 오리지널푸드 프로그램 공급
우수 (사장상)	포페런츠 (버디와 함께하는 시니어 여행)  [대표 : 장준표]	• 요양보호사, 사회복지사로 구성된 버디 50여 명 확보 • 단순 자연경관 감상 위주 단체 관광이 아닌 체험 위주 시니어 개별 맞춤 여행코스 개발 • 서울시니어스(전국 6개 지점, 2천 명 회원) 및 주요 실버타운(B2B) 및 지자체 사회복지시설(B2G) 서비스 판로 개척
장려 (사장상)	호놀룰루 컴퍼니 (호캉스 큐레이션 및 배리어프리 숙소예약)  [대표 : 김범수]	• 라이브커머스 활용한 호캉스 큐레이션 상품판매 플랫폼 '호캉스픽' 및 베리어프리 숙소예약 서비스 '체크인프리' 운영 • 스카이베이경포, 밀리토리아 호텔 등 총 15개 호텔과 판매계약 완료

• 글로벌 챌린지 프로그램 부문

구분	기업명(사업내용)	주요 실적
최우수 (장관상)	주식회사 한터글로벌 (후즈팬 빌리지 서비스 연계 O2O 플랫폼)  [대표 : 곽영호]	• 법인설립 현황 : 베트남, 멕시코(진행중) • 해외수출 판로 개척을 통한 글로벌 비즈니스 확장 - 베트남 오프라인 스토어(후즈팬 빌리지) 설립 (진행 중) - 베트남 정부기관 및 국영방송사 등 협업을 통한 LOI 1건, 패밀리계약 2건 체결 완료
우수 (사장상)	글로벌리어 주식회사 (AI 기반 여행추천 솔루션)  [대표 : 이창현]	• 법인설립 현황 : 싱가포르(완료), 태국(진행중) • 주요 타깃국가(싱가포르, 태국) 진출 성공 및 비즈니스 확장(중동, 일본 등)을 위한 파트너사 발굴 - 국내외 대형 항공사·공항 및 여행사 고객 유치 성공(싱가포르항공, 타이항공, 아메리칸익스프레스 등) - 세계 최초 AppChallenge(싱가포르 항공사) 2회 우승

구분	기업명(사업내용)	주요 실적
우수 (사장상)	주식회사 하이로컬 (글로벌 소셜 오디오 플랫폼) 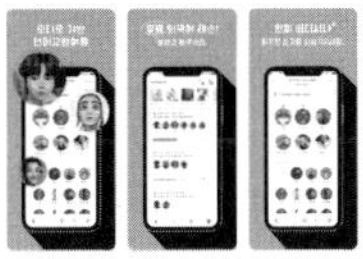 [대표 : 윤정호]	• 180여개국 대상 앱 상용화 및 글로벌 유저 50만명 확보 • 싱가포르, 베트남, 인도 등 비즈니스 파트너사 발굴 – ㈜스타인액스베트남, DOHE Philipines MOU 체결 • 'Try Everything2022(서울산업진흥원)' 전국민 창업 오디션 부문 우수상 수상
장려 (사장상)	주식회사 크리에이트립 (한국여행 서비스 및 라이프스타일 쇼핑 플랫폼)  [대표 : 임혜민]	• 법인설립 현황 : 싱가포르(진행중) • 어학당 제휴, 해외 이용객 결제 편의성 증대를 통한 매출·수출액 전년대비 고속성장 – 어학당(동국대학교 등 15개) 제휴를 통한 고객 확보 – 타깃국가(영미권) 콘텐츠 집중 생산(2,600여 개) – PG사(페이플, 차이페이) 계약 체결 예정(4분기) • 선배 글로벌 선도기업 간 협업사례 발굴 – 온다('21년 선정)와 API 연동을 통한 숙소 서비스 런칭 예정
장려 (사장상)	주식회사 비지트 (360VR 콘텐츠 제작 플랫폼 '라운드픽'  [대표 : 조용원]	• 법인설립 현황 : 싱가포르(완료) • 기술력 기반, 동남아권 중심 서비스 확대 – 국토부 스마트시트 인증 획득(국내 지도업계 최초) – 트립어드바이저, STB 간 협의를 통한 아시아권(싱가포르, 태국) 서비스 런칭 완료 및 신규 유저 2.5만명 확보 – 홍콩, 대만, 말레이시아 내 추가 런칭 예정 – Cityneon Holdings(싱가포르)와 기술협약 체결 • 선배 글로벌 선도기업 간 협업사례 발굴 – 온다(21년 선정)와 펜션 프로젝트 진행
장려 (사장상)	주식회사 베스텔라랩 (AI 기반 투어/교통/주차 시스템)  [대표 : 정상수]	• 법인설립 현황 : 싱가포르(완료) • 국내외 투자유치 로드쇼 · 박람회(GITEX North Star, ARCH Summit 등) 참가를 통한 글로벌 파트너사 발굴 – 'Try Everything2022(서울산업진흥원)' 코리아챌린지 부문 최우수상 수상

• 관광 액셀러레이팅 프로그램

구분	기업명(사업내용)	주요 실적
최우수상 (사장상)	주식회사 두왓 (스마트 호텔 통합 플랫폼) DOWHAT [대표 : 김주영]	▸호텔, 관광 숙박 산업의 DX를 위한 스마트 호텔 통합 플랫폼 '두왓' - 호텔 운영자/근무자 대상 스마트운영 솔루션 제공 - 스마트폰(태플릿PC)를 호텔서비스 및 로컬관광 정보 다국어 서비스 제공 • 호텔/리조트 전용 예약시스템 개발·구축 완료 • 국내 대기업 체인 호텔/리조트 계약 체결 완료(한화호텔앤리조트, 호텔롯데, HDC리조트, 글래드호텔앤리조트) • 글로벌 PMS Oracle Opera 공동영업 파트너십 등 호텔/리조트 관련 기업과 MOU 체결(총 6건)
우수상 (사장상)	주식회사 해녀의부엌 (제주 해녀의 글로컬 레스토랑) 해녀의 부엌 [대표 : 김하원]	▸세계인이 경험하는 제주 해녀의 글로컬 레스토랑 '해녀의 부엌' - 제주의 식재료와 해녀 공연, 다이닝을 결합한 관광 콘텐츠 • 외국인 대상 베타테스트 진행 및 영문 상표권 출원 • 글로컬 사업 확장을 위한 영문 홍보물, 도슨트, 예약시스템 제작(구축) 완료 • 제주관광공사 연계 제주 식도락 테마형 콘텐츠 확산
우수상 (사장상)	주식회사 스트리밍하우스 (B2B 워케이션 원스톱 서비스) Hyuil [대표 : 신동훈]	▸비대면 근무 솔루션을 위한 B2B 워케이션 원스톱 서비스 플랫폼 '휴일' - 워케이션을 통한 기업, 개인, 지역의 가치 창출 - 지역 협업을 통한 워케이션 센터(오피스) 조성 - 맞춤형 워케이션 서비스 및 전문 코디네이터 제공 • 롯데카드, 티몬, 야놀자 등 90개사(약700명) 대상 B2B 워케이션 서비스 제공 • 평창, 통영, 부산, 제주 등 지자체 워케이션 사업 운영 • 자체 브랜드(더휴일) 및 서울산업진흥원 및 제주특별자치도 워케이션 웹사이트 개발
장려상 (사장상)	주식회사 얼롱 (반려견과의 나들이를 위한 야외공간 공유 서비스) MadangSpace [대표 : 김소연]	▸반려견과 나들이를 위한 야외공간 공유서비스 'Madang Space' - 넓고 쾌적한 단독 공간 사용으로 반려견과 견주들의 안전한 나들이 환경 제공 - 호스트들의 초기 투자 없이 야외공간만으로 새로운 수익 창출 기회 증가 • 마당서비스 앱(Android/ios) 및 웹 서비스 출시(출시 3일만에 4,000회 다운로드 및 ios 앱 순위 25위) • M+(서울산업진흥원) & LG유플러스와의 POC 사업 진행 • GOCAMP(캠핑), 펫옷(반려동물), 펫타버스(메타버스) 반려견 여행 활성화 MOU 체결

구분	기업명(사업내용)	주요 실적
장려상 (사장상)	가제트코리아 주식회사 (글로벌 여행용 데이터 eSIM) USIMSA [대표 : 유상혁]	▸eSIM 글로벌 로밍 데이터 마켓 ‘유심사’ – 365일 24시간 이용 가능한 현지 데이터로밍 플랫폼 – SIM기반 데이터 마켓 플랫폼으로 기존 통신사를 통한 데이터 로밍 사용의 문제점 해결 – 고객 맞춤형 요금제, 국가, 일정, 데이터를 선택하도록 하여 편리하고 합리적인 가격 제공 • 국내 OTA(마이리얼트립, 트리플 등)와 제휴 마케팅 추진 • 하나투어 등 국내 대형 여행사 대상 상품 출시 • 일본(에아토리), 대만(KKday) B2B 글로벌 서비스 진출 • 2022 TriAnglE Start-up FESTA 대상(신용보증기금, 서울창조경제혁신센터, 한국공항공사 합동 데모데이)
장려상 (사장상)	주식회사 올마이투어 (그룹챗 기반 메신저 플랫폼) 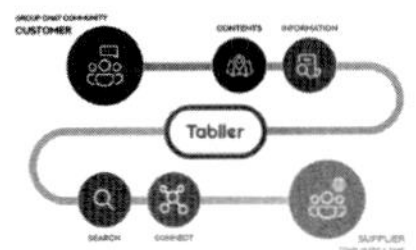 [대표 : 석영규]	▸실시간 메시징 기술 기반 국내외 MZ세대 타깃 원스탑 여행 메신저 ‘태블러’ – 그룹챗 기반 커뮤니티로 소비자와 현지공급자를 실시간 메시징 기술 기반 연결 – 원하는 일정으로 중소형 현지공급자에게 맞춤여행 견적 문의 및 여행상품 직거래 – 관심지역, 분야별 그룹챗/콘텐츠 기반 실시간 여행정보 공유 • 태블러 앱 개발 및 출시(상표권/특허권 출원) • 크라우드펀딩 증권형 128백만 원 달성(투자자 65명) • 전라남도 관광 OTA 제휴 국내 숙박 프로모션 추진 • 웨스턴 조선호텔 협업 라이브 커머스 진행

• 관광플러스팁스

구분	기업명(사업내용)	주요 실적
최우수상 (사장상)	테이블매니저(주) (융복합 관광 디지털 예약 관리 솔루션) TableManager [대표 : 최훈민]	▸융복합 관광 디지털 예약 관리 솔루션 ‘테이블매니저’ – 관광사업자의 수기 장부의 디지털 전환을 돕는 Web 예약 관리 솔루션 제공 – 숙박/레저/외식업 적용하여 관광사업자의 디지털 전환 및 예약 인프라의 디지털 혁신 지원 • 관광분야 누적 사업자 확대(알펜시아 리조트, 안성팜랜드, 제주신화월드, 켄싱턴 등 총 17개사) • 제휴 채널(KT, 플레이스엠) 확대(2개사) • KT AI 통화비서 공동사업 계약(예약 자동화 기능 제공) 및 KT Partner Award 특별상 수상 • 경북관광기업지원센터 활성화를 위한 상호협력 협약 체결(경상북도, 경주시, 경상북도문화관광공사, 관광기업 간 협약)
우수상 (사장상)	주식회사 반려생활 (반려동물 라이프 통합 플랫폼) 반려동물 라이프 통합 플랫폼 반려생활 [대표 : 이혜미]	▸반려동물 라이프 통합 플랫폼 ‘반려생활’ – 반려여행자를 위한 레저/여행상품 개발, 예약 플랫폼 – 파편화된 여행 상품 정보 및 서비스 통합 제공 – 수의사, 여행에디터, 반려인 대상 커뮤니티 운영 • ONDA, 떠나요 닷컴 등 OTA 숙소 연동(1,000여 개) • 야놀자(레저/티켓), 쿠폰트리(렌터카), 하이에어(반려동물 동반 전용기 프로모션 상품, 제주/일본) 등 제휴사 확대 • 반려생활 앱 레저 상품 예약 시스템 개발 완료

• 혁신바우처 지원사업

구분	기업명(사업내용)	주요 실적
최우수 (사장상)	패스파인더 (지역정보공유 플랫폼 개발)  [대표 : 김만희]	• 패스파인더는 지역소멸 사회문제 해결을 위해 기존 정주인구 중심의 귀농귀촌이 아닌 관계인구 중심의 새로운 인구 패러다임을 제시하는 기업 • 관광 혁신바우처를 활용하여 '지역 여행', '살아보기' 등 관계인구를 지원하는 웹&앱 시비스 개발 • 바우처를 활용한 커뮤니티 플랫폼 개발 결과 사용자 간의 네트워킹 형성으로 원활하고 신속한 의사소통의 장 마련 • 일회성 여행에 그치지 않고 지속적인 관심 유도를 통해 지역과의 관계성 강화로 지역상생을 위한 관계인구 창출
우수 (사장상)	해피쿱투어 협동조합 (무장애여행 전문 플랫폼 구축)  [대표 : 정유진]	• 해피쿱투어는 국내 무장애여행 전문 관광기업 • 혁신바우처를 활용하여 무장애여행 대상자 및 보호자 이용 여행 정보 수집 및 활용 플랫폼 개발 • 바우처를 활용한 정보 수집 및 활용 결과 최신 데이터 관리가 가능해짐에 따라 무장애여행 관광지 데이터 지도 플랫폼을 개발 → 지도 노출 대상지 무장애 정보 제공(숙박, 시설, 관광지), 여행 활동 개선점 도출 및 해결, 무장애여행 시장 확대 및 사업의 지속성 확보
우수 (사장상)	뮤직킹 주식회사 (한류관광객 대상 체험 서비스 제공)  [대표 : 노광균]	• 뮤직킹 주식회사는 케이팝과 여행을 접목시켜 방한하는 외국인 한류팬에게 K-Pop 체험 프로그램 서비스를 제공하는 관광기업 • 혁신바우처를 활용하여 뮤직 스튜디오 K-POP 녹음 체험 고객에게 자신의 노래와 사진을 활용하여 키오스크에서 자신만의 유일한 셀프 뮤직비디오를 제작하는 기술을 개발 → 외국인 관광객 대상 직접 콘텐츠 제작할 수 있는 체험기회 제공 • 바우처를 활용하여 자체 예약 및 결제페이지 구축을 통해 수익률 확대 및 고객 만족도 향상

6. 중소벤처기업부, 로컬크리에이터(개인) 육성 사업 사업계획서 작성양식 (샘플)

▶ 사업계획서 작성 목차

항목	평가 항목
□ 일반 현황	- 대표자, 아이템명 등 일반현황 및 제품(서비스) 개요
□ 아이템 개요(요약)	- 지역 내 활용 예정인 자원을 기반으로 사업아이템 지역성, 차별성, 아이템 이미지 등을 요약하여 기재

<table>
<tr><td rowspan="4">1.지역성</td><td>1) 지역이해</td><td>1-1)-① 지역에 대한 이해도
- 활용하는 지역과 자원에 대한 구체적인 설명 및 소상공인의 지역특색 이해 수준(정량, 정성 등) 기재</td></tr>
<tr><td>2) 자원활용도</td><td>1-2)-① 자원의 구체적인 활용방안
- 지역자원을 고유한 특성과 특색을 활용하는 사업모델과 지역자원의 구체적인 활용방안 기재</td></tr>
<tr><td rowspan="2">3) 지역가치 창출가능성</td><td>1-3)-① 지역을 중심으로 한 가치 창출 가능성
- 사업수행을 통해, 지역 내 기업들과 지역민과 함께 상생할 수 있는방안과 지역 내 방문객 유도 가능성 등 지역가치 창출 가능성 기재</td></tr>
<tr><td>1-3)-② 지역경제 활성화 기여 방안
- 지역 내 활용 예정인 자원을 기반으로 지역경제 활성화 기여 방안 및 향후 실천 계획을 기재</td></tr>
<tr><td rowspan="7">2.성장 가능성</td><td rowspan="2">1) 문제인식 (Problem)</td><td>2-1)-① 사업아이템의 개발동기
- 본 사업을 통해 개발(제작)하고자 하는 제품·서비스를 착안하게 된 동기와 이로 인해 예상되는 지역경제에 대한 긍정적인 효과 기재</td></tr>
<tr><td>2-1)-② 사업아이템의 목적(필요성)
- 지역 자원과 특색을 활용한 사업아이템을 구현하고자 하는 목적(필요성)을 기재하고 이를 통한 지역경제 발전에 기여 가능성 등 기재</td></tr>
<tr><td rowspan="2">2) 실현가능성 (Solution)</td><td>2-2)-① 사업아이템의 사업화 전략
- 사업아이템의 목적(필요성)에 대해 다각적으로 분석하여 지역에 맞춘 구체적인 사업화 전략 기재</td></tr>
<tr><td>2-2)-② 사업아이템의 시장분석 및 경쟁력 확보방안
- 사업아이템의 지역 내·외 수요 및 소비자 타겟팅과 니즈와 차별화 전략, 지자체 연계방안 등 기재</td></tr>
<tr><td rowspan="2">3) 성장전략 (Scale-up)</td><td>2-3)-① 자금소요 및 집행계획
- 사업화 단계를 확인하고, 사업화 단계별 자금투입계획 등 기재</td></tr>
<tr><td>2-3)-② 시장진입 및 성과창출 전략
- 시장진출(확장)을 위한 제품(서비스)의 포지셔닝을 확인하고, 해당 산업군에 특화된 시장진출 및 판매전략(유통채널, 시기, 판매금액 등) 기재</td></tr>
<tr><td>4) 팀 구성 (Team)</td><td>2-4)-① 대표자 및 팀원의 보유역량
- 사업아이템 개발(제작) 및 사업화와 관련하여 대표자와 팀원이 보유한 전문성 및 담당업무와의 적합성 등 기재</td></tr>
</table>

▶ 「로컬크리에이터(개인) 육성 사업」 사업계획서 작성양식 (샘플)

• 일반현황

사업아이템명			
신청자 성명	*홍길동(남/여)*	생년월일	*1900.00.00*
업체명	*○○○○*	사업장 소재지	*○○도 ○○시 (사업자등록증 본점 소재지)*
개업연월일 (회사성립연월일)	*2000. 00. 00*	사업자 구분	*개인사업자 / 법인사업자 / 공동대표(개인, 법인)*
기업로고		홈페이지	*www.000000 (없을 경우 공란으로 제출)*
로컬유형	① 지역가치, ② 로컬푸드, ③ 지역기반제조, ④ 지역특화관광, ⑤ 거점브랜드, ⑥ 디지털문화체험, ⑦ 자연친화활동*(* 온라인 신청서와 동일하게 작성)*		

주요성과('23년)				
고용(명)	매출(백만원)	수출(백만원)	투자(백만원)	누적투자(백만원)
0명 (대표자 제외) ※ 신청일 기준 현재 고용인원	*00백만원 ※ '23년 총 매출*	*00백만원 ※ '23년 총 수출 (수출실적 발생 당월 기준환율)*	*00백만원 ※ '23년 총 투자유치*	*00백만원 ※ 창업 이후 누적 투자액*

지역자원 설명 *(여러개인 경우 행추가)*	자원명	자원 소재지역	자원형태
	OOO	*소재지*	*유형, 무형*
	OOO	*소재지*	*유형, 무형*

조직 구성(신청자 제외)					
순번	직급	성명	담당업무	주요경력	비고
1	*매니저*	*○○○*	*마케팅 담당*	*00기업 홍보 경력 0년*	*팀원*
2	*직원*	*○○○*	*콘텐츠 개발*	*○○대 경영학 전공*	*팀원*
...					
...					

• 「로컬크리에이터(개인) 육성 사업」 개요(요약)

<table>
<tr><td>사업아이템
소개</td><td colspan="2">·
※ 지역자원으로 중심으로한 사업아이템의 핵심기능(서비스), 소비자층 등을 중심으로 간략히 기재
※ 제출시 표 삭제 필수</td></tr>
<tr><td>연계지역
및
활용자원</td><td colspan="2">·
※ 연계지역·활용자원의 개요 및 자원 활용방안을 중심으로 간략히 기재
※ 제출시 표 삭제 필수</td></tr>
<tr><td>사업아이템의
차별성</td><td colspan="2">·
※ 아이템의 현재 개발단계를 포함하여 경쟁사 대비 차별성을 기재
예) 아이디어, 서비스 중, 프로토타입 개발 완료 등
※ 제출시 표 삭제 필수</td></tr>
<tr><td>목표시장</td><td colspan="2">·
※ 목표시장, 판매 전략 등을 간략히 기재
※ 제출시 표 삭제 필수</td></tr>
<tr><td rowspan="4">이미지</td><td>※ 아이템의 특징을 나타낼 수 있는 참고사진(이미지) 삽입</td><td>※ 아이템의 특징을 나타낼 수 있는 참고사진(이미지) 삽입</td></tr>
<tr><td>< 사진(이미지) 제목 ></td><td>< 사진(이미지) 제목 ></td></tr>
<tr><td>※ 아이템의 특징을 나타낼 수 있는 참고사진(이미지) 삽입</td><td>※ 아이템의 특징을 나타낼 수 있는 참고사진(이미지) 삽입</td></tr>
<tr><td>< 사진(이미지) 제목 ></td><td>< 사진(이미지) 제목 ></td></tr>
</table>

1. 지역성(Local)

1) 지역이해도

① 지역에 대한 이해도

※ 활용하는 지역과 자원에 대한 구체적인 설명 및 신청자의 지역특색 이해 수준(정량, 정성 등) 기재 ※ 제출시 표 삭제 필수

○

–

–

2) 자원활용도

① 자원의 구체적인 활용방안

※ 지역자원을 고유한 특성과 특색을 활용하는 사업모델과 지역자원의 구체적인 활용방안 기재 ※ 제출시 표 삭제 필수

○

–

–

3) 지역가치 창출가능성

① 지역을 중심으로 한 가치 창출 가능성

※ 사업수행을 통해, 지역 내 기업들과 지역민과 함께 상생할 수 있는 방안과 지역 내 방문객 유도 가능성 등 지역가치 창출 가능성 기재
※ 제출시 표 식제 필수

○
–
–

○
–
–

② 지역경제 활성화 기여 방안

※ 지역 내 활용 예정인 자원을 기반으로 지역경제 활성화 기여 방안 및 향후 실천 계획을 기재
※ 제출시 표 삭제 필수

○
–
–

○
–
–

2. 성장가능성

1) 문제인식(Problem)

① 사업아이템의 개발동기

※ 본 사업을 통해 개발(제작)하고자 하는 제품·서비스를 착안하게 된 동기와 이로 인해 예상되는 지역경제에 대한 긍정적인 효과 기재
※ 제출시 표 삭제 필수

○

–

–

○

–

–

② 사업아이템의 목적(필요성)

※ 지역 자원과 특색을 활용한 사업아이템을 구현하고자 하는 목적(필요성)을 기재하고 이를 통한 지역경제 발전에 기여 가능성 등 기재
※ 제출시 표 삭제 필수

○

–

–

○

–

–

2) 실현가능성(Solution)

① 사업아이템의 사업화 전략

※ 사업아이템의 목적(필요성)에 대해 다각적으로 분석하여 지역에 맞춘 구체적인 사업화 전략 기재
※ 제출시 표 삭제 필수

○

–

○

–

〈 사업 추진일정 〉

추진내용	추진기간	세부내용
제품보완, 신제품 출시	*2023.0.0. ~ 2023.0.0.*	*OO 기능 보완, 신제품 출시*
홈페이지 제작	*2023.0.0. ~ 2023.0.0.*	*홍보용 홈페이지 제작*
...		

② 사업아이템의 시장분석 및 경쟁력 확보방안

※ 사업아이템의 지역 내·외 수요 및 소비자 타겟팅과 니즈와 차별화 전략, 지자체 연계방안 등 기재
※ 제출시 표 삭제 필수

○

–

–

○

–

3) 성장전략(Scale-up)

① 자금집행 및 조달계획

※ 사업화자금 활용계획, 재원(자기자본, 투자유치) 등 자금조달계획 기재
※ 제출시 표 삭제 필수

〈 총괄표 〉

구분	총 사업비	정부지원금	자부담금
비율	100%	총 사업비의 80% 이하	총 사업비의 20% 이상
구성	5천만원	4천만원	1천만원(현금 또는 현물)

• 정부지원금 집행계획

○

–

〈 정부지원금 집행계획 〉

비 목	산출근거	금액(원)
개발		
브랜드		
홍보		
기타		
수수료 및 사용료		
광고선전비		
전문가활용비		
기기장비 임차비		
재료구입비		
사업활동비		
합 계		

• 자부담금 구성 계획(총 1천만원)

○

–

• 추가 재원(자기자본, 투자유치 등) 조달 계획(해당시)

○

–

② **시장진입 및 성과창출 전략**

※ 시장진출(확장)을 위한 제품(서비스)의 포지셔닝을 확인하고, 해당 산업군에 특화된 시장진출 및 판매전략(유통채널, 시기, 판매금액 등) 기재
※ 제출시 표 삭제 필수

○

–

• 시장 진출 실적 ※ 관련실적이 없는 경우 '해당사항 없음'으로 기재

유통채널명	진출시기	판매 아이템	판매금액
롯데마트	*2014.2.14.~2014.2.22.*		*○○○백만원*
...			
...			
...			
...			

4) 조직 구성

① **대표자 및 조직원의 보유역량**

※ 사업아이템 개발(제작) 및 사업화와 관련하여 대표자와 팀원이 보유한 전문성 및 담당업무와의 적합성 등 기재
※ 제출시 표 삭제 필수

○ 대표자 현황 및 역량(이력 포함)

–

○ 조직원 현황 및 역량(이력 포함)

순번	직급	성명	담당업무	경력 및 학력 등	채용연월
1	*매니저*	*OOO*	*사업운영*	*OO대학 컴퓨터공학과 전공*	*'19. 8*
2	*사원*	*OOO*	*영업*	*OO기업 영업직 경력 8년*	*'21. 2*
3	...				
4	...				
5	...				

○ 향후 고용계획(협약기간 내)

현재 재직인원(대표자 제외)	명	추가 고용계획(협약기간내)	명

순번	주요 담당업무	요구되는 경력 및 학력 등	채용예정일
1	*S/W 개발*	*IT분야 전공 학사 이상*	*'23. 8*
2	*해외 영업(베트남, 인도네시아)*	*글로벌 업무를 위해 영어회화가 능통한 자*	*'23. 9.*
3			
4			
5			

[참고자료 1] 로컬크리에이터 7대 분야

〈 로컬크리에이터 개념 〉

[정의] '지역의 자연환경, 문화적 자산을 소재로 창의성과 혁신을 통해 사업적 가치를 창출하는 창업가'

· 로컬크리에이터는 지역 고유의 특성과 자원을 기반으로 혁신적인 아이디어를 접목하여 역경제 활성화에 기여하는 창업가로 7대 유형의 비즈니스모델로 분류

※ ① 지역가치, ② 로컬푸드, ③ 지역기반제조, ④ 지역특화관광, ⑤ 거점브랜드, ⑥ 디지털문화체험, ⑦ 자연친화활동

〈 로컬크리에이터 유형 분류표 〉

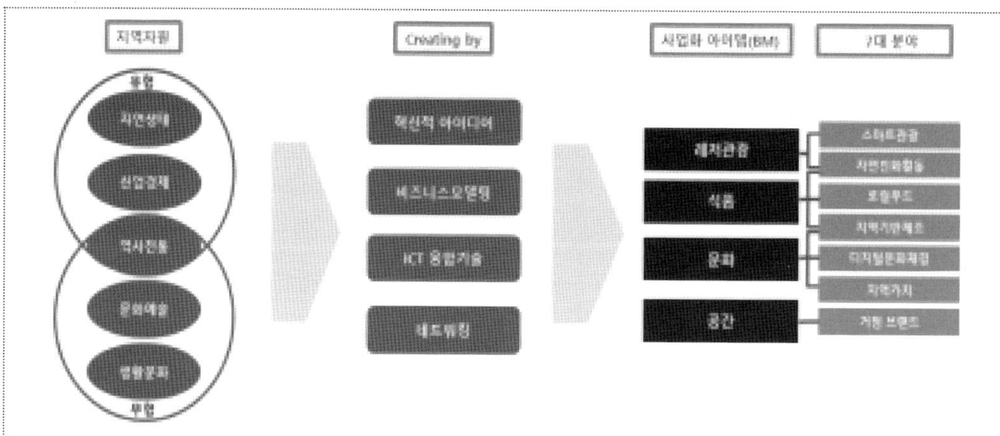

[요건]

① 지역의 유·무형자원(역사전통, 문화예술, 자연생태, 생활문화, 지역특산물 등)을 기반으로 창의적인 아이디어를 제시하는 자

② 지역의 자원과 특성을 활용하여 혁신적인 비즈니스모델 수립을 통해 창업하는 자

③ 지역의 자원과 특성을 활용하여 나타난 성과를 지역에 환원하여 지역경제 활성화에 기여하는 자

〈 로컬크리에이터의 7대 분야 〉

구분	내용
지역가치	· 지역의 문화나 고유특성을 기반으로 혁신적인 아이디어를 융합하여 새로운 경제적·문화적 가치를 창출
	· (기대효과) 플랫폼과 더불어 콘텐츠의 중요성이 더욱 강조되므로, 지역을 콘텐츠화하여 다양한 비대면 비즈니스모델 창출이 가능
로컬푸드	· 지역의 특산물, 미활용 작물 등 농수산물을 활용한 식품가공 및 유통
	· (기대효과) 위생적인 환경에서 재배되는 스마트팜이나, 농수산 산지와 연결된 구독경제, 종자개발부터 유통·제조·판매 등이 다양하게 결합된 6차산업 발전
지역기반 제조	· 지역에서 생산되는 소재를 활용하거나 지역특색을 반영한 제조업
	· (기대효과) 수공업과 DIY 활동 증가가 예상되며, 이를 로컬제조업으로 육성
지역특화 관광	· 관광자원(자연환경, 여행지 등)을 활용하여 해당지역으로 관광객 유입 확대 · 지역 방문을 위한 원스톱 서비스 및 자연생태계의 지속가능성
	· (기대효과) VR 등을 활용한 가상 관광, 체험 등의 관광 수요증가 예상
거점브랜드	· 지역 내 복합문화공간 등 지역거점 역할 · 지역성과 희소성을 기반으로 지역의 가치를 재창출
	· (기대효과) 쇼핑은 온라인 쇼핑으로 대체, 오프라인 소비는 단순소비보다는 가치소비(Meaning Out)가 중요해져 지역별 거점브랜드 육성이 필요
디지털 문화체험	· 지역별로 역사와 문화가 담긴 유적지와 문화재 등을 과학 기술 및 ICT를 활용하여 재해석 또는 체험
	· (기대효과) AR, VR 등과 결합된 디지털 문화체험 콘텐츠 시장 확대 예상
자연친화 활동	· 지역별로 상이한 자연환경(바다, 산, 강 등)에서 진행되는 서핑, 캠핑 등 아웃도어 활동을 위한 다양한 사업모델
	· (기대효과) 집단적 활동(테마파크 등)보다는 가족 또는 나홀로 단위의 레저활동(캠핑, 글램핑 등)의 수요증가 예상

7. 중소벤처기업부, 소상공인진흥공단 강한 소상공인 성장지원 사업(트랙 Ⅰ)

▶ 강한 소상공인 성장지원 사업(트랙 Ⅰ*)

*(트랙 Ⅰ) 라이프스타일, 로컬브랜드, 백년가게 · 소상공인 유형

1. 사업개요

- **사업목적:** 기업가 · 장인정신, 창의적인 아이템 등을 보유한 소상공인을 발굴하여 강한 소상공인으로의 육성
- **지원대상:** 기업가정신, 창의·혁신적인 아이템을 보유한 소상공인
- **지원내용:** 팀빌딩 프로그램, 비즈니스모델(BM) 고도화 및 스케일업(확장)에 필요한 사업화 자금 지원(최대 1억원, 정부 100% 보조)
- **지원방식 :** 팀빌딩 프로그램 후 1차 오디션을 통해 1차 지원금(최대 6천만원)을 지원하고, 2차 오디션을 통해 추가 지원금(최대 4천만원) 지원
- **지원절차**

❶ 아이디어 선발 (260개 팀빌딩)	→	❷ BM 고도화 (130개팀, 최대 6천만원)	→	❸ 스케일업 (40개팀 내외, 최대 4천만원)
▪ 260개 팀 엄선 및 팀빌딩 프로그램		▪ 엑셀러레이터 멘토링 등 ▪ BM 고도화 자금 지원		▪ 최종 선발 및 추가 사업화 자금(스케일업) 지원

2. 세부 지원내용

- **사업화 자금**
  - ○ 제품 라인업 확대 및 구체화, 브랜딩·디자인 등에 활용할 수 있는 사업화 자금을 최대 1억원까지 지원

〈사업화자금 지원항목(안)〉

항목	상세내역
개발비	• 신제품 개발, 제품 / 서비스 고도화 등 용역비
브랜드비	• 브랜드(CI, BI), 디자인 등 용역비
홍보비	• 마케팅·홍보 용역비
수수료 및 사용료	• 특허 등록 등 산업재산권 취득비
	• 브랜드(CI·BI) 상표 등록 등 산업재산권 취득비 등
전문가활용비	• 외부 전문가 및 전문기관 자문 비용
임차비	• 사업 수행을 위한 기기, 장비 임차비
재료 구입비	• 신제품 개발, 제품 / 서비스 고도화를 위한 재료 구입비
매장 모델링	• 사업자 소재지 상의 접객시설 인테리어 등 매장 모델링 비용

■ 특화 프로그램(팀빌딩) 지원

○ 기업의 역량강화를 위해 주관기관이 보유한 인프라 및 육성프로그램(멘토링, 브랜딩 등) 등을 활용하여 유형별 특화 프로그램 지원

* 예시: 권역별 팝업스토어, 선배 멘토링 및 특강, 네트워킹 및 판로지원 행사 등

■ 연계지원

○ 소상공인시장진흥공단 소상공인 혁신형 정책자금, 우리 동네 크라우드펀딩 및 민간투자 연계형 매칭융자 연계

* 혁신형 소상공인 정책자금(최대 1억원), 매칭융자(정책자금 최대 5억원)

○ '23년도 파이널(2차) 오디션에 탈락한 업체의 경우 금년도 파이널 오디션에 참여할 수 있는 기회 제공

3. 신청 및 접수

■ 신청자격 : 「소상공인기본법 제2조」에 따른 소상공인

* 백년가게·소공인 유형은 공고 마감일 기준으로 인증기한이 유효한 백년가게, 백년소공인 인증서를 추가로 제출하여야 함

제2조(정의) ① 이 법에서 "소상공인"이란 「중소기업기본법」 제2조제2항에 따른 소기업 중 다음 각 호의 요건을 갖춘 자를 말한다. 1. 상시 근로자 수가 10명 미만일 것 2. 업종별 상시 근로자 수 등이 대통령령으로 정하는 기준에 해당할 것 * 광업·제조업·건설업 및 운수업 : 10명 미만, 이 외 업종 : 5명 미만 ② **제1항을 적용할 때 소상공인이 그 규모의 확대 등으로 소상공인에 해당하지 아니하게 된 경우 그 사유가 발생한 연도의 다음 연도부터 3년간은 소상공인으로 본다.** 다만, 소기업 외의 기업과 합병하거나 그 밖에 대통령령으로 정하는 사유로 소상공인에 해당하지 아니하게 된 경우에는 그러하지 아니하다.

○ 소상공인 단독 또는 파트너사*와 협업방식으로 사업 참여가능

* 파트너사는 최대 1개팀만 참여 가능하되, 단독 참여시 선정 후 주관기관에서 파트너사 매칭 지원(파트너사 모집은 주관기관별 별도 진행)

〈소상공인 및 파트너사 개념〉

소상공인		파트너사
- 기업가정신, 창의·혁신적인 아이템 등을 가진 소상공인	↔	- 소상공인과 협업·융합을 통한 비즈니스모델 고도화 및 스케일업 조력자

〈파트너사 자격요건〉

신청유형	내용
❶ 창작자	– 제품(서비스)에 디자인, 패키징 등의 고도화를 통해서 소상공인의 제품(서비스)에 가치 향상에 기여할 수 있는 창작자(개인 또는 기업)
❷ 스타트업	– 스타트업은 설립한지 얼마 되지 않은 신생 창업기업을 의미하나, 업력 제한은 없으며, 혁신적인 기술 등 협업·융합이 가능한 창업기업
❸ 이업종소상공인	– 이(異)업종간 협업·융합을 통해서 성과 창출이 가능한 소상공인

* 세부기준 및 신청·접수 계획은 추후 '파트너사 모집공고'를 통해 안내 예정

■ **신청분야 :** 3가지 유형 중 택 1 * 중복신청 불가

〈'24년도 강한 소상공인 유형(트랙 Ⅰ)〉

【1】 라이프스타일 유형	【2】 로컬브랜드 유형	【3】 백년가게·소공인 유형
▪ 새로운 콘텐츠를 접목하여 의식주 기반의 라이프스타일 기업으로 성장	▪ 지역성을 기반으로 성장한 로컬크리에이터가 로컬브랜드(지역대표기업)으로 확장	▪ 장수 소상공인의 비즈니스모델 고도화 및 성장 지원

■ 우대지원

○ **(중소벤처기업부)** 신사업창업사관학교 졸업생 및 로컬크리에이터 기 수혜업체가 본 사업에 신청하는 경우 서류평가 가점 부여

○ **(타부처)** 특허청 소상공인 IP 역량강화 사업, 문화체육관광부 문화도시·지역문화 전문인력 지원사업 기 수혜업체가 본 사업에 신청하는 경우 서류평가 가점 부여

〈타부처 지원 내용〉

◆ **소상공인 IP 역량강화 사업**
- (증빙) 지역별 지식재산센터의 수혜사실 확인서류(공문)

◆ **문화도시 지원사업**
- (관련지역) 지역문화진흥법에 따라 문체부 장관이 지정하는 문화도시(24곳) 및 대한민국 문화도시 조성계획 승인 지자체(13곳)
- (자격) 문화도시 및 대한민국 문화도시 조성계획 승인 지자체에서 문화도시 사업에 1건 이상 또는 1년 이상 사업에 참여한 경험이 있는 자 중에서 해당 지자체장 및 문화도시센터장의 추천을 받은 자(사람, 업체 포함)
- (추천서) 문화도시 관련 사업명, 참여 기간, 참여내용 및 역할, 참여자 및 기업명 등을 반드시 포함하되, 해당 지자체장 및 문화도시센터장의 직인이 있을 것

◆ **지역문화 전문인력 지원사업**
- (자격) 지역문화진흥원의 지역문화전문인력 양성 및 배치 수료자(2021~2023년)
- (증빙) 지역문화진흥원으로부터 발급받은 지역문화전문인력 양성 및 배치 수료 확인서 첨부

■ **문의처** : 강한 소상공인 주관·협력기관 사업담당자

<table>
<tr><th>유형</th><th>주관·협력기관</th><th>연락처</th><th>이메일</th></tr>
<tr><td rowspan="2">라이프
스타일</td><td>(주관) 세종창조경제혁신센터</td><td>044-999-0237</td><td>life@ccei.kr</td></tr>
<tr><td>(협력) 로컬브랜드포럼</td><td>070-8866-1202</td><td>contact@lbf.or.kr</td></tr>
<tr><td rowspan="7">로컬
브랜드/
백년가게·
소공인</td><td rowspan="4">(주관) 중소상공인희망재단
* 로컬브랜드 유형 문의</td><td>070-4458-2324</td><td>tgchoe@heemangfdn.or.kr</td></tr>
<tr><td>070-4458-2326</td><td>yoojin@heemangfdn.or.kr</td></tr>
<tr><td>070-4261-8383</td><td>moj@heemangfdn.or.kr</td></tr>
<tr><td>070-4949-2381</td><td>sapark@heemangfdn.or.kr</td></tr>
<tr><td rowspan="3">(협력) 제주창조경제혁신센터
* 백년가게·소공인 유형 문의</td><td>064-710-1971</td><td>suknam2014@ccei.kr</td></tr>
<tr><td>064-710-1972</td><td>yjoo@ccei.kr</td></tr>
<tr><td>064-710-1985</td><td>ksj409@ccei.kr</td></tr>
</table>

[참고 1] 기업가형 소상공인 발굴 및 협업유형 소개 (2023년)

■ 발굴유형(3개)

【1】 라이프스타일	【2】 로컬브랜드	【3】 백년가게·소공인
■ 새로운 콘텐츠를 접목하여 의식수 기반의 라이프스타일 기업으로 성장	■ 지역성을 기반으로 성장한 로컬크리에이터가 로길브랜드(지역대표기업)으로 확장	■ 장수 소상공인의 비즈니스모델 고도화 및 성장 지원

사례		
사례	**■ 라이프스타일(엘○○) 폐플라스틱·폐어망을 재활용한 친환경 신발** - 디자인 리브랜딩을 통한 상품군 확장 및 품질 고도화를 이루고 플라스틱 선순환 구조 형성에 기여하여 지속가능한 라이프스타일 가치 창출	
	■ 로컬브랜드(○○컴퍼니) 강릉의 맛과 자연을 담은 프리미엄 감자칩 - 강릉 못난이 감자를 활용한 과자를 개발하여 지역 고령농가 감자재배 수익 안정화에 기여하고 감자유원지 운영으로 오프라인 식문화 경험 제공	
	■ 백년가게(○○○소문난만두) 청주육거리시장 50년 전통 수제만두 - 시장에서 공수한 신선한 재료로 만든 50년 전통 수제만두 전문점으로 세계 최초 제로-칼로리 만두를 개발하여 신개념 푸드 문화형성에 기여	

■ 협업유형(3개)

【1】 소상공인+창작자	【2】 소상공인+스타트업	【3】 소상공인+이업종
■ (소) 디자인, 브랜딩, 패키징 등의 다양한 문제 ■ (창) 해결방안 제시	■ (소) 상품기획, 판로 등 사업운영 애로 ■ (스) 속도·편의·효율성 제공	■ (소상) 서비스 융합 모델 제안 ■ (이업종) 제품·굿즈 등의 협업 내용 제시

사례		
사례	**■ 소상공인+창작자(○○솝) 해양사막화를 예방하는 선케어 화장품** - 환경운동가와 협업하여 제주 해녀가 채취한 우뭇가사리와 제주로컬 원료를 활용한 친환경 화장품을 제조.	
	■ 소상공인+스타트업(콩○○) 향토 콩튀김을 현대화한 찹쌀 콩부각 - 브랜드 이미지화를 위한 캐릭터를 제작하여 제품에 접목하고 유튜버 '짧은 대본'과의 협업을 통한 영상 제작 및 광고효과 극대화	
	■ 소상공인+소상공인(○○○○브루잉) 노포 장인과 만든 수제맥주 - 인천을 대표하는 양조장을 설립하고 지역의 장인들과 협업하여 인천에서만 판매하는 대한민국 최초 비건 맥주를 개발	

[참고 2] 주관기관 및 프로그램 현황

【1】 라이프스타일 : 세종창조경제혁신센터　　　　　* (협력기관) 로컬브랜드포럼

○ (주요업무) 지역혁신창업가 발굴·육성 및 성장지원, 창업벤처기업 발굴·성장 지원, 오픈이노베이션 활성화, 창업성장 투자지원

○ (주요연혁) 세종창조경제혁신센터 설립('16. 08.)
- (2021. 02.) 로컬크리에이터 거점기관 지정
- (2022. 03.) 신사업창업사관학교 세종지역 운영기관
- (2023. 02.) 강한 소상공인 성장지원사업 운영기관

○ (보유 인프라) 메이커 공간, 청년창업지원, 시제품 테스트베드 등 창업지원공간 보유

○ (지원성과) 라이프스타일유형 40개팀 지원, 권역별 밸류업 지원거점구축

○ (프로그램) 기업가 스피릿캠프, 라이프스타일 인사이트 트랩, 권역별 팝업스토어

라이콘타운 세종점

세종창업빌

세종 창업키움센터

【2】 로컬브랜드/ 【3】 백년가게·소공인 : 중소상공인희망재단　* (협력기관) 제주창조경제혁신센터

○ (주요업무) 소상공인 대상 온라인 비즈니스 활성화 및 경쟁력 강화를 위한 교육, 인큐베이팅(보육), 판로지원 사업 운영

○ (주요연혁) 중소상공인희망재단 설립('14. 02.)
　* 설립주체 : NAVER(500억원 출연), 중소기업중앙회, 소상공인연합회
- (2020. 07.) 소진공과 소상공인 경쟁력 강화 MOU 체결
- (2022. 03.) '22년도 강한 소상공인 성장지원 사업 협력기관
- (2023. 03.) '22년도 강한 소상공인 성장지원 사업 '로컬브랜드' 주관기관

○ (보유 인프라) 소상공인 점프업허브 내 창업지원공간 보유

○ (지원성과) 평균 매출 11.2% 상승(이 중 45%는 매출 50% 이상 성장), 고용 26.5% 성장, 투자유치 연계 총 18건, 기타 수출 및 협업, 표창 등 다수 발생

○ (프로그램) 역량강화 프로그램 제공(UP스쿨, 브랜딩스쿨, 기타 전문가 네트워킹 등)

카페형 전시공간

PC교육장

촬영 스튜디오

2024년 강한 소상공인 성장지원 사업신청서

<table>
<tr><td>신청분야</td><td colspan="6">☐ 라이프스타일 ☐ 로컬브랜드 ☐ 백년가게·백년소공인</td></tr>
<tr><td>협업유형</td><td colspan="6">☐ 소상공인+창작자 ☐ 소상공인+스타트업 ☐ 소상공인 + 이업종</td></tr>
<tr><td>참여형태</td><td colspan="6">☐ 소상공인 단독 참여 ☐ 소상공인 + 파트너사</td></tr>
<tr><td>업체명</td><td colspan="2"></td><td>사업자번호
(법인등록번호)</td><td colspan="3">000-00-000
(   )</td></tr>
<tr><td>대표 자</td><td colspan="2"></td><td>대표자
생년월일</td><td></td><td>성 별</td><td>☐ 남
☐ 여</td></tr>
<tr><td>휴대전화</td><td colspan="2"></td><td>이메일</td><td colspan="3"></td></tr>
<tr><td>업종</td><td colspan="6">☐ 제조업 ☐ 비제조업 (업)</td></tr>
<tr><td>개업연월일</td><td></td><td>기업구분</td><td>☐ 개인사업자
☐ 법인사업자</td><td>상시근로자수</td><td colspan="2">명</td></tr>
<tr><td>지역</td><td></td><td>상세주소</td><td colspan="4"></td></tr>
<tr><td>홈페이지</td><td colspan="6"></td></tr>
<tr><td rowspan="3">매출·수출규모
(백만원)</td><td colspan="3">3년간 매출액</td><td colspan="3">3년간 수출액(해당시)</td></tr>
<tr><td>'21</td><td>'22</td><td>'23</td><td>'21</td><td>'22</td><td>'23</td></tr>
<tr><td></td><td></td><td></td><td></td><td></td><td></td></tr>
<tr><td>투자액(백만원)</td><td>'23년 투자액</td><td colspan="2"></td><td>누적투자액
(창업이후
현재)</td><td colspan="2"></td></tr>
</table>

위와 같이 2024년 강한 소상공인 성장지원사업 사업신청서를 제출하며 작성한 내용에 허위 사실이 있을 경우 선정 취소 등의 불이익 처분에 동의합니다.

2024년 월 일

업체명 : 대표 : (인)

소상공인시장진흥공단 이사장 귀하

사업계획서 - 라이프스타일 유형

구분	내용
제품(서비스) 한 줄 소개	* 단순 제품(서비스)명 (X) / 협업 제품(서비스)명을 30자 내외로 표현 (O ex) 한복제조업(X) / 미디어 콘텐츠를 활용한 새로운 한복문화 창조 'OOO한복' (O)
기업 소개	* 라이프스타일 아이템 및 수행 역량 관련 내용 * 기업의 차별성·혁신성, 소비트렌드, 가치 실현 여부 * 지원동기 및 목표, 본 사업 참가 취지 * 대표자와 직원 현황 및 역량 등
향후 사업 계획	* 단기 및 중장기 사업계획 및 성장전략 * 홍보마케팅 계획, 자본 조달 계획, 판로 및 글로벌 진출 등 작성 * 목표 매출량(액) 등 투자유치를 위한 계획 및 투자유치 성공 시 자금 사용 계획 등
성장가능성	* 정부 지원 필요성 * 기대되는 효과 * 성장가능성

사업계획서 - 로컬브랜드 유형

구분	내용
제품(서비스) 한 줄 소개	* 단순 제품(서비스)명 (X) / 협업 제품(서비스)명을 30자 내외로 표현 (O ex) 전통한과 (X) / 전통 강릉한과에 파티시에 기술을 융합한 'xx한과업체' (O)
기업 소개	* 로컬브랜드 아이템 및 수행 역량 관련 내용 * 기업의 차별성·혁신성, 로컬브랜드 필요성, 가치 실현 여부 * 지원동기 및 목표, 본 사업 참가 취지 * 대표자와 직원 현황 및 역량 등
향후 사업 계획	* 단기 및 중장기 사업계획 및 성장전략 * 로컬브랜드로서의 홍보마케팅 계획, 자본 조달 계획, 판로 및 글로벌 진출 등 작성 * 목표 매출량(액) 등 투자유치를 위한 계획 및 투자유치 성공 시 자금 사용 계획 등
성장가능성	* 정부 지원 필요성 * 기대되는 효과 * 성장가능성

사업계획서 - 백년가게 · 백년소공인 유형

구분	내용
제품(서비스) 한 줄 소개	* 제품(서비스)명 (X) / 주요 사업 내용과 제품(서비스)명을 30자 내외로 표현 (O) ex) 구글 홈 미니 (X) / 인공지능 스마트 홈 제어 블루투스 스피커 '구글 홈 미니'(O)
기업 소개	* 기업의 특징 및 장점 * 기업 현황
사업내용 (제품/서비스)	* 경쟁 제품과의 비교, 분석을 통한 경쟁 우위점을 강조 * 자사 제품의 특징 및 차별성 기재 * 핵심 기술 내용을 타 업체와 비교하여 작성
협업의 효과성	* 협업파트너사의 장점(해당시) * 협업에 따른 효과성
지속가능성	* 기존 제품 또는 서비스를 지속가능한 사업 고도화 전략 등 * 혁신적 아이디어를 반영한 성공 전략 등
주요 성과	* 매출액, 인지도, 글로벌 진출, 사회기여, 지원사업 성과 등 * 고객수, 구독자수, 방문자수, 조회수 등 * 특허 등 지재권 보유현황 * 경진대회 등 입상 실적
향후 사업 계획	* 단기 및 중장기 사업 목표 * 선발 시 사업화 지원금 사용계획 * 타 기업 혹은 제품과의 연계·협업 가능성 여부
성장가능성	* 정부 지원 필요성 * 기대되는 효과 * 성장가능성

■ 파트너사와 함께 사업 참여하는 경우

2024년 강한 소상공인 성장지원 파트너사 신청서

<table>
<tr><td>기 업 명</td><td colspan="2"></td><td>사업자 유형</td><td>개인 / 개인사업자 / 법인사업자</td></tr>
<tr><td>사업소개</td><td colspan="4">단순 제품(서비스)명 (X) / 협업 제품(서비스)명을 30자 내외로 표현 (O)
ex) 전통한과 (X) / 전통 강릉한과에 파티시에 기술을 융합한 'XX한과' (O)</td></tr>
<tr><td>협업유형</td><td colspan="4">☐ 소상공인+창작자 ☐ 소상공인+스타트업 ☐ 소상공인 + 이업종</td></tr>
<tr><td>파트너사의 역할</td><td colspan="4"></td></tr>
<tr><td>협업에 따른 기대효과</td><td colspan="4"></td></tr>
<tr><td>기업현황
* 2023년 매출 기준은 부가세과세표준증명원</td><td>매출액
(2023년)</td><td>백만원</td><td>고용
(대표제외)</td><td>명</td></tr>
<tr><td>설 립 일</td><td colspan="2">ex) YYYY-MM-DD</td><td>업 종</td><td></td></tr>
<tr><td>소 재 지</td><td colspan="4">ex) 부산광역시 OO구 OO동 123-45길</td></tr>
<tr><td>홈페이지</td><td colspan="4">홈페이지 또는 운영채널 등</td></tr>
<tr><td rowspan="2">실 무 자</td><td>성 명</td><td></td><td>직 위</td><td></td></tr>
<tr><td>휴대전화</td><td></td><td>이 메 일</td><td></td></tr>
</table>

8. 기고문

한 광 식 (전문대학평생직업교육협회 사무총장)

1. 전문대학생의 기업가정신(Entrepreneurship) 함양
2. 지방시대의 실현을 위해 '로컬에 주목하자'
3. 효과적인 아이디어 제품화 전략
4. 마케팅에서 변하지 않는 법칙들
5. 사업에 성공하려면 시장조사를 잘해야 한다
6. 성과창출을 위한 효과적 협업(collaboration)

전문대학생의 기업가정신(Entrepreneurship) 함양

미래는 우리가 어떻게 하느냐에 따라 크게 달라질 수 있다. 분명한 것은 변화돼야만 비로소 경쟁력을 확보할 수 있다는 것이다. 미래 경쟁력은 새로운 일들을 해결할 수 있는 인재를 키워내는 것이다. 우리나라는 입시 중심 경쟁교육으로 인해 경영마인드 교육과 기업가정신 교육이 매우 취약한 편이었다. 이와는 대조적으로 미국·유럽 등 선진 혁신창업 국가에서는 초·중등학교에서부터 창조성·혁신·비즈니스 함양을 위한 기초교육이 체계적으로 추진돼왔다.

그 결과 페이스북을 창업한 마크 저커버그는 19세, 빌 게이츠와 스티브 잡스는 21세, 영화 아이언맨(Iron Man)의 실제 모델인 일론 머스크는 24세, 중국 최대 오픈마켓 제이디닷컴의 리우창둥 회장은 24세에 창업해 세계적 기업가로 성장했다.

우리는 지금 AI, 로봇, 자율주행차, U헬스케어 등 4차 산업혁명이라는 변화의 소용돌이 속에 살고 있다. 그동안 경험한 적이 없는 새 시대에 접어든 만큼 무엇보다도 시대정신(時代精神)이 발휘돼야 한다. 이것이 바로 기업가정신(Entrepreneurship)이다.

필자는 대학생들의 기업가정신 함양하기 위해 다음과 같이 몇 가지를 제안한다. 첫째, 대학의 문화가 바뀌어야 한다. 수업 시간에 교수자-학생뿐 아니라 학생-학생 간의 상호작용이 활성화되고, 서로의 생각과 의견을 주고받는 것이 자연스러워져야 한다. 이를 위해서는 교수자들의 교수학습법이 향상돼야 한다.

둘째, 학생들이 스스로 주어진 문제를 해결하고 결과물을 도출할 수 있는 능력을 계발하고 연마해야 한다. 셋째, 대학이 변화돼야 한다. 4차 산업혁명 시대에는 창의력, 비판적 사고, 소통 및 관리능력, 협업 능력 등의 핵심역량을 갖춘 인재를 원한다. 이에 맞는 분야에 적합한 핵심인재를 키워내는 것이 대학의 최우선 목표가 돼야 한다. 넷째, 정부정책이 바뀌어야 한다. 그동안 교육정책은 많은 규제로 어려움이 많았다. 교육정책이 보다 대학의 자율성을 최대한 보장하는 정책으로 전환돼야 한다.

기업가정신 교육과 더불어 창업교육도 창업 유도를 목적으로 전개되기보다는 기업가적 소양을 기르는 데 초점이 맞춰져야 한다. 즉 기업가정신 교육과 창업교육을 통해서 자기 주도적이며, 기업들이 바라는 인재상인 창의성, 커뮤니케이션 스킬, 실무경험과 주어진 과제를 해결해 나갈 수 있는 진취성을 함양해야 한다.

새로운 지식을 창출하고, 위험을 감수하며, 그것을 사업화하거나 사업에 반영하려는 의지와 행동 즉, 기업가정신(Entrepreneurship)은 개인이나 기업, 국가 차원에서 매우 중요한 것이다. 기업가정신 교육을 통해서 실패를 두려워하지 않고 감내할 수 있는 생태계를 구축하고, 자기 주도적으로 생각하고 행동할 수 있는 기반마련을 통해 전문대학생들이 조직에서 능력 있는 인재로 성장할 수 있도록 우리 모두 힘을 모아야 한다.

지방시대의 실현을 위해 '로컬에 주목하자'

윤석열 정부는 국정과제 119번 '지역사회의 자생적 창조역량 강화'와 국정과제 120번 '지방소멸 방지 및 균형발전 추진체계 강화'를 위한 실천 과제로 △지역대학을 활용한 로컬크리에이터 인력양성 △로컬브랜딩, 골목상권 육성 및 산업화 촉진 △골목산업 생태계를 뒷받침하는 로컬인프라 구축 △참여·협력·혁신을 통한 로컬 창조커뮤니티 기반 조성 △지역 주도의 맞춤형 종합지원을 위한 투자협약 활성화 △지역특화 로컬콘텐츠타운 조성 등을 추진하고 있다. 이와 관련해 중소벤처기업부에서 추진하고 있는 '지역기반 로컬크리에이터 활성화 지원사업'과 '로컬콘텐츠 중점대학 사업'에 관심을 가져 볼 필요가 있다. 특히 '로컬콘텐츠 중점대학 사업'은 지역자원을 콘텐츠하고 준비된 로컬형 예비창업자를 육성하기 위해 금년 7개 대학(경남정보대, 서울예대, 계명대, 목포대, 수원대, 한라대, 홍익대)을 선정했다. 내년에는 더욱 확대될 전망이다.

최근 발표된 자료에 따르면 2020년 로컬크리에이터 사업이 신설된 이래 평균 15.4 대 1의 높은 경쟁률을 기록하고 있다. 이 중 30대 이하가 61.7%로 지역 청년들의 관심이 매우 높다. 작년까지 지원받은 790개사(730개팀)가 지원 기간 동안 매출액 1644억 원, 신규고용 1530명, 투자유치 206억 원을 달성하는 등 지역에서 긍정적인 성과 창출도 가시화되고 있다. 현재 정부에서 육성하고자 하는 로컬크리에이터를 함축적으로 정의하면 '지역에 혁신을 일으킬 수 있는 기업가정신(Entrepreneur)을 가진 개인이나 기업'을 의미한다.

중소벤처기업부에서는 로컬크리에이터의 유형으로 △지역가치 창출(지역문화와 혁신적인 아이디어를 융합해 새로운 경제적·문화적 가치를 창출하는 유형) △로컬푸드(지역에서 재배 가능한 농수산물을 활용해 식품 가공·유통하는 유형) △지역기반제조(지역에서 생산되는 소재, 지역 특색을 반영한 제조 유형) △지역특화관광(지역특화관광 서비스를 제공하는 유형) △거점브랜드(지역 내 복합문화 공간 등 지역거점 역할을 하는 거점브랜드 유형) △디지털문화체험(지역의 역사·문화를 기반으로 과학기술·ICT를 활용한 체험활동 유형) △자연친화활동(지역별로 특색있는 자연환경에서 진행되는 자연친화 활동 유형) 7가지를 제시하고 있다.

각 유형에서의 긍정적인 측면을 살펴보면 첫째, 지역의 장점을 콘텐츠화하여 다양한 비즈니스 모델을 창출할 수 있다. 둘째, 위생적인 환경에서 재배되는 스마트팜이나 농수산 산지와 유통 제조 판매 등이 결합된 6차산업으로 확장될 수 있다. 셋째, 수공업과 DIY 활동 증가가 예상되므로 로컬제조업의 일자리가 확대될 수 있다. 넷째, 기존 쇼핑이 온라인 쇼핑으로 대체되고 가치소비(Meaning Out)가 중요해짐에 따라 지역별 거점 브랜드를 육성할 필요가 있다. 다섯째, AR, VR 등과 결합된 디지털 문화체험 콘텐츠 시장 확대가 가능하다. 여섯째, 테마파크의 집단적 활용보다는 가족 또는 나홀로 단위 캠핑 등의 레저활동의 수요가 확대될 수 있다.

이와 같이 로컬크리에이터는 침체되고 있는 지역에 혁신을 일으키고 새로운 가치를 창출해 경제적 부가가치는 물론 청년 일자리 창출과 지역경쟁력을 높이는 계기가 마련될 수 있다는 점에서 주목할 필요가 있다. 이제 우리가 원하는 대한민국을 만들기 위해서는 현실에 대한 문제 인식과 혁신 의지를 기반으로 새로운 가치를 만들어내는 창조 의지 그리고 실패의 두려움을 극복해내는 도전정신과 사회적 책임이 그 어느 때보다 중요한 시점이다. 함께 지혜(智惠)가 발휘됐으면 좋겠다.

효과적인 아이디어 제품화 전략

성공적인 제품을 만들기 위해서는 나름의 전략이 필요하다. 미국의 저명한 경제지인 The Wall Street Journal에서 신제품의 성공 가능성을 가늠할 수 있는 척도를 제시한 바 있다. 아래 제시한 목록으로 신제품의 성공과 실패를 결정할 수는 없겠지만 신제품 개발 시 가이드라인(guideline)으로 활용하면 도움이 될 수 있다.

신제품 성공의 열쇠 20가지 문항을 보면, ① 최근 1년 동안 개발을 하고 있는 신제품인가, ② 현재 개발 중인 신제품과 유사한 제품을 만든 경험이 있는가, ③ 관련 시장 또는 소비자에게 제품을 판매해 본 적이 있는가, ④ 전체 신제품 개발비용 중 연구개발 비용으로 1/3 이상을 투자하였는가, ⑤ 적어도 일정기간 테스트 마케팅을 진행하는가, ⑥ 신제품 개발을 위해 아낌없이 지원하고 있는가, ⑦ 예상되는 매출액의 5% 이상을 광고비로 책정하였는가, ⑧ 신제품의 브랜드네임이 뛰어나다고 생각하는가, ⑨ 위험을 감수하더라도 판매를 시작하고 1년 동안 기다릴 수 있는가, ⑩ 신제품을 개발할 때 소비자의 욕구에 초점을 맞추었는가, ⑪ 세 개 정도의 광고 문구를 준비해 놓았는가, ⑫ 단순한 모방이 아닌 참신성이 충분이 반영되었는가, ⑬ 개별 소비자에 의해 구매의사결정이 가능한 제품인가, ⑭ 시장에 비슷한 제품이 많지는 않은가, ⑮ 제품 출시 이후 추가적인 서비스나 A/S가 필요하지는 않는가, ⑯ 신제품 개발 시 정형화된 작업절차가 있는가, ⑰ 신제품에 대한 끊임없는 관심과 배려가 있는가, ⑱ 프로젝트의 진행자가 최소 2건 이상의 신제품 개발 경험을 갖고 있는가, ⑲ 향후 지속적으로 판매할 수 있는 제품인가, ⑳ 프로젝트 진행자의 결정에 따라 신제품 개발 여부를 결정할 수 있는가 등이다.

분명한건 성공한 제품에는 그만한 이유가 있다는 것이다. 신제품이 성공하기 위해서는 소비자에게 부응할 수 있는 제품이어야 한다. 항상 소비자가 필요로 하는 것이 무엇인지를 자료 수집을 통해 아이디어를 얻고 개발해야 하며, 기술력을 갖추어야 한다. 물론 독점적 기술을 보유하라는 의미는 아니다. 소비자에게 원하는 편익을 제공할 수 있는 능력도 기술력이다. 마케터(marketer)는 신제품의 소비자에게 원하는 편익을 제공할 수 있는 능력도 기술력이다. 마케터(marketer)는 신제품의 구식화 속도, 전체 잠재시장의 크기 등을 고려하여 성장 가능성을 판단해야 한다. 기업의 강점과 조화될 수 있는 독특한 기술을 통해 기존 제품과의 관련성이 높은 신제품을 개발하는 것이 가장 성공 가능성이 높다. 그 밖에도 신제품이 성공하기 위해서는 최고경영자의 지원, 신제품 개발과 관련된 부서들 간의 원활한 의사소통, 신제품을 성공시키려는 강한 의지를 가진 임직원, 효과적인 신제품 개발 조직 등을 들 수 있다.

결론적으로, 좋은 아이디어라 하더라도 출시의 적기를 놓치면 시장에서 성공할 수 없다. 이와는 반대로 아직 성숙되지 않은 시장에 출시하여 좋은 신제품 아이디어가 실패로 끝나는 경우도 적지 않다. 신제품 개발과정은 개발할 제품을 명확히 계획하고 실행하는데 반드시 필요한 활동이며, 일반적으로 ① 아이디어 칭출, ② 제품개념 구체화, ③ 마케팅 전략 수립, ④ 사업성 분석, ⑤ 제품개발, ⑥ 테스트 마케팅, ⑦ 제품화의 순서로 진행된다. 무엇보다도 소비자가 원하는 바를 제품 설계과정에 충실히 반영하고 아이디어를 창출한 기업은 시장에서 성공할 확률이 높다.

마케팅에서 변하지 않는 법칙들

마케팅은 조직이나 개인이 자신의 목적을 달성시키는 교환을 창출하고 유지할 수 있도록 시장을 정의하고 관리하는 과정이다. 이번 기고에서는 마케팅에서 알아두면 도움이 되는 몇 개의 법칙을 소개하고자 한다.

〈선점의 법칙〉은 더 좋은 것보다 맨 처음이 낫다는 법칙이다. 많은 경우 최초로 시작하는 것들에 대해서는 선점효과가 있다. IBM는 컴퓨터, 질레트(Gillette)는 안전면도기, 타임즈(Times)는 잡지, 제록스(Xerox)는 복사기로 인식하는 경우가 이에 해당된다. 〈영역의 법칙〉은 최초로 뛰어들 수 있는 영역을 개척해야 한다는 법칙이다. 어느 영역에서 최초가 될 수 없다면 최초로 뛰어들 수 있는 새로운 영역을 개척하는 것이 필요하다. 다른 경쟁자와의 점유율 싸움에서 유리한 고지를 차지할 수 있다. 〈인식의 법칙〉은 사람들은 믿고 싶어 하는 것만 믿는다. 누구나 다 알고 있는 거짓일지라도 편견(偏見)이 구매를 결정하는데 큰 요인이 된다. 일본의 혼다는 오토바이, 미국의 혼다는 차로 인식하는 경우이다. 〈기억의 법칙〉은 시장보다도 고객의 기억 속에 맨 먼저 기억되는 것이 더 중요하다. 애플(Apple)은 단순하고 기억하기 쉬운 이름으로 잠재고객들의 기억 속에 깊이 파고들었다. 때론 단순하고, 흔한 것이 새로운 것보다 더 앞서간다. 사람은 익숙하고 반복적인 것에 안정감을 느낀다. 〈집중의 법칙〉은 잠재고객의 기억 속에 한 단어를 심는 것이다. IBM은 컴퓨터, 제록스는 복사기, 허시는 초콜릿, 콜라는 코카콜라 등으로 브랜드명이 영역을 대변하는 일반대명사가 된 경우이다. 선도자가 아니라면, 단어에 초점을 맞추는 것이 좋다. 복잡한 단어보다는 한 단어에 초점을 맞추는 게 효과적이다. 〈사다리의 법칙〉은 각 영역별로 어느 등급의 사다리를 차지하느냐에 따라 전략이 달라진다. 일반적으로 잠재고객의 기억 속에는 등급의 사다리가 존재한다. 콜라, 맥주, 담배, 치약 같은 관심도가 높은 일용품에는 많은 등급의 사다리가 있고, 잘 구매하지 않은 제품들에는 등급의 사다리가 별로 없다. 경쟁에서 이길 수 없다면 다른 분야를 선택하는 것이 낫다. 〈이원성의 법칙〉은 대부분의 시장은 두 마리의 말이 달리는 경주다. 렌터카는 허츠와 아비스, 햄버거는 맥도널드와 버거킹, 운동화는 나이키와 리복, 콜라는 코카콜라와 펩시콜라 등 선두는 두 가지로 남는다. 〈정반대의 법칙〉은 2인자를 겨냥하고 있다면 전략은 선도자에 의해 결정된다는 법칙이다. 후발회사는 선도자의 핵심을 파악해 강점을 약점으로 만들어야 한다. 그리고 잠재고객에게 선도자와 정반대의 것을 제시해야 한다. 선도자의 제품을 사고 싶어 하지 않은 사람에게는 2위가 마음에 들 가능성이 있다. 그런데 많은 2위들은 일반적으로 1위를 흉내내는 경우가 대다수이다. 〈분할의 법칙〉은 시간이 지나면 하나의 영역이 둘 이상으로 분할된다는 법칙이다. 컴퓨터는 메인프레임, 미니컴퓨터, 워크스테이션, 랩탑, 노트북 등으로 분리되고, 맥주도 프리미엄맥주, 라이트맥주, 생맥주, 드라이맥주, 논알코올맥주 등으로 나누어진다. 〈계열 확장의 법칙〉은 기업은 성공한 브랜드의 이미지를 확대하려는 경향이 많다. 경쟁자를 이기기 위해서는 반드시 차별점이 존재해야 하며 많은 부분에서 약자가 되는 것보다는 차라리 한 분야에서 강자가 되는 것이 낫다. 〈희생의 법칙〉은 얻기 위해서는 포기해야 한다는 법칙이다. 우리들의 삶, 인생에 있어서도 적용되는 법칙이다. 그릇을 비워야만 다시 새롭게 채울 수 있다. 〈성공의 법칙〉은 언제나 겸손한 태도로 고객의 입장에서 고객의 인식을 살펴야 한다. 백문이 불여일견(不如一見), 잘하고, 잘 팔고, 잘 실행해야 한다.

물론 앞에서 제시한 법칙들이 꼭 맞는 건 아닐 수 있다. 그래도 알아두면 많은 곳에 적용이 될 수 있을 것이다.

사업에 성공하려면 시장조사를 잘해야 한다

시장(Market)은 협의의 개념으로 수요와 공급, 그리고 이 둘을 연결시켜 주는 유통(Channel)으로 구성되며, 광의의 개념으로는 법, 규제, 정책 등을 통해 시장에 영향을 주는 정부까지 포함할 수 있다. 이와 관련하여, 시장조사(Market Reserch)는 시장을 구성하는 각 요인들에 대한 '자료 수집–가공–분석'을 통해 현재를 진단하고 미래를 예측하는데 활용된다. 물론 시장조사를 할 때는 필요한 자료는 어떻게 수집할 것인지, 시장조사를 통해 얻고자 하는 것은 무엇인지, 수집한 자료를 어떻게 활용할 것인지에 대한 세심한 계획이 필요하다.

시장조사의 절차는 일반적으로 1단계(문제 제기), 2단계(조사 설계), 3단계(자료 수집), 4단계(자료 분석), 5단계(기획 적용)로 구성된다. 1단계(문제 제기)에서는 시장조사의 방향을 설정하는 단계이다. 현재의 상태를 보완하고 기획을 하는데 발생할 수 있는 문제점을 파악하고, 새로운 기회를 포착하기 위한 단계이다. 2단계(조사 설계)에서는 무엇을 조사할 것인지와 시장조사 활동과제 ①도출된 문제점이나 보완사항에 대한 종합적인 검토, ②조사방법 및 조사 틀 설정과 자료 수집 절차와 자료 분석기법 선택, ③조사일정 및 조사예산(소요인원 및 비용) 편성, ④조사 설계가 잘 수립되었는지의 객관적인 평가 등을 구체화하는 단계이다. 3단계(자료 수집)에서는 어떤 자료를, 어떤 식으로, 얼마만큼 수집할 것인가에 대한 계획이 필요하다. 가능한 다양한 경로를 통해 필요한 자료를 수집하되 신뢰성이 있는 자료인지를 판단하는 것이 중요하다. 우선 1차 조사를 통해 포괄적으로 자료를 수집한 뒤 확정된 범주에 대해서만 구체화하는 작업이 효율적이다. 물론 통계적으로 신뢰할만한 결과를 도출할 수 있는 정도의 표본크기를 설정하는 것도 필요하다. 대표적인 시장조사방법으로는 문헌조사, 전문가 의견조사, 사례조사 등이 있다. 문헌조사는 신문, 잡지, 학술지, 보고서 등을 활용하여 의사결정에 필요한 유용한 개념이나 과정을 조사하는데 사용되며, 전문가 의견조사는 전문적인 지식과 경험을 가지고 있는 사람들로부터 정보를 얻어내는 방법으로 주로 문헌조사의 보조적인 방법으로 사용된다. 또한, 사례조사는 현재 당면한 상황과 유사한 사례를 찾아 분석함으로써 해결할 문제에 대해 간접적인 경험과 논리를 얻을 목적으로 사용되는 경우가 많다. 이 밖에도 질적조사(심층면접, 그룹토의 등), 양적조사(개별면담, 설문조사, SNS 등), 응용조사(제품의 인지도, 경쟁제품과의 차별성, 고객의 라이프스타일 등) 등의 다양한 방법이 사용된다. 4단계(자료 분석)에서는 수집된 자료를 편집, 코딩(Coding), 통계적 기법을 통해 해석하며, 기존전략을 보완하고 조정하는 방식으로 진행하는 것이 필요하다. 5단계(기획 적용)에서는 시장조사를 통해 분석된 정보를 최대한 활용하는 단계이며, 분석 자료를 가공하여 실질적인 기획을 할 수 있도록 업그레이드(upgrade)하는 단계이다.

이와 같이, 시장조사는 1단계(문제 제기), 2단계(조사 설계), 3단계(자료 수집), 4단계(자료 분석), 5단계(기획 적용)를 통해 구체화할 수 있다. 앞에서 열거한 시장조사는 사업계획이나 프로젝트를 수립하는데 반드시 이루어져야 할 선행작업이다. 사업에 성공하기 위해서는 항상 고객의 관점에서 소비자의 요구(needs)와 욕구(wants)를 반영하는 것이 무엇보다 중요하다.

성과창출을 위한 효과적 협업(collaboration)

협업이란 무엇인가? 협업(協業, collaboration)의 사전적 의미는 '무언가를 만들어 내기 위해 협력하는 행위'로 합작, 경연, 공동 작업 등을 포괄하는 의미로 사용된다. 협업을 잘 표현한 마더 테레사(Mother Teresa Bojaxhiu) 수녀의 말이 떠오른다. "나는 당신이 할 수 없는 일들을 할 수 있고, 당신은 내가 할 수 없는 일들을 할 수 있다. 따라서 우리가 함께하면 멋진 일들을 할 수 있다" 이 말은 함께하면 훨씬 잘 할 수 있는 것이 많다는 의미이다. 점점 모든 것이 연결되고 보다 지능적인 사회로 진화(進化)되는 4차 산업이 본격화되면서 협업의 필요성이 강조되는 것이 사실이다. 하지만 핵심은 협업의 확대가 아니라 성과창출을 위해 올바른 협업을 추진하는 것으로 '제대로 된 협업과 잘못된 협업의 차이'를 구별하는 것이 중요하다.

그렇다면 효과적인 협업은 어떻게 추진해야 하는가? UC 버클리大의 한센(Hanssen) 교수는 다음과 같이 제시하고 있다. 첫째로, 협업을 해야 할 때와 피해야 할 때를 구분할 줄 알아야 한다. '협업 프리미엄=〈프로젝트 수익〉-〈기회비용〉-〈협업비용〉' 즉, 협업비용을 줄이는 것이 성과창출을 위한 협업의 출발점이다. 둘째로, 협업을 방해하는 '협업 장벽'을 파악하는 것이 필요하다. 협업을 가로막는 장벽으로 NIH(Not-Invented-Here)(장벽 외부나 타 부서에게 도움이나 조언을 구하려 하지 않는 현상), 독점 장벽(타 부서에 도움을 줄 수 있지만, 주지 않는 현상), 검색 장벽(적절한 정보와 사람을 찾기 어려운 현상), 이전 장벽(잘 모르는 사람에게 지식이나 기술을 이전하기 어려운 현상)을 제시하고 있다. 협업을 가로막는 장벽들이 조직 내에 얼마나 만연해 있는지, 효과적인 협업을 위해 해결해야 할 장벽은 무엇인지를 살펴본 후 이에 대한 해결책을 마련해야 한다. 셋째로, 협업형(T자형) 인재를 육성해야 한다. T자형 인재란 자신의 팀 성과에 집중(T자의 수직 부분)하면서도 다른 부서와도 협업(T자의 수평 부분)할 수 있는 인재를 의미한다. 이를 위해서는 개인적 성과가 큰 스타플레이어보다 성과창출과 협업이 가능한 인재가 요구된다. 이 밖에도 조직과 본인에게 필요한 효율적인 네트워크를 구축하는 것이 필요하다.

앞에서 열거한 관점에서 한센(Hanssen) 교수는 협업(collaboration)을 각 이해관계자들이 소통과 협력을 통해 공동의 목표를 달성하고 성과를 창출하는 행동으로 정의하였고, 협업은 성과창출을 위한 수단으로써 존재하며, 잘못된 협업은 하지 않는 것만도 못하다는 것을 강조하고 있다. 따라서, 올바른 협업을 통해 시너지를 창출하고, 더 나은 성과를 달성할 수 있도록 하는 것이 협업의 궁극적 목적이다. 점점 복잡해지고 있는 경쟁체제 속에서 지속적인 경쟁우위를 확보하는데 있어 협업은 매우 매력적(魅力的)임에 틀림없다. 분명한건 이제는 한 가지 분야에 탁월한 전문성을 요구하던 시대를 지나 다양한 분야의 전문가들이 서로 머리를 맞대고 시너지를 창출하는 시대로 변화하고 있다. 이제 전문대학 차원에서도 현 상황을 명확히 직시(直視)하고, 빠르게 변화되는 첨단기술과 인구구조에 능동적으로 대처하기 위한 협업 시스템은 물론 그에 맞는 최적화(最適化)된 방안을 마련하는 것이 요구된다.

사단법인 전문대학평생직업교육협회(COLiVE)

전문대학평생직업교육협회(COLiVE)는 **전문대학-지역사회-산업체 등과의 연계 협력을 강화**하고, **전문대학이 평생직업교육 허브**로 발전하기 위해 설립되었습니다.

전문대학평생직업교육협회(COLiVE)는 함께하는 삶을 의미하며, 견고한 네트워크를 중심으로 함께하는 **상생과 협력**, 지역사회를 중심으로 실현해가는 **도전과 혁신, 나눔과 포용**, 사람을 중심에 두는 **희망과 행복**을 추구하고, 모두를 포용하는 평생직업교육이 되도록 노력할 것입니다. 이를 통해 **모두가 행복한 사회**를 만들어 가고자 합니다.

로컬크리에이터 1급

자격검정과정 강의교안

초판발행 2024년 7월 20일 1판 1쇄 발행

지은이 COLiVE 로컬크리에이터연구소
펴낸이 최용구 | **펴낸곳** 도서출판 **이프레스**
주소 (04316) 서울시 용산구 원효로 89길 19(원효로1가)
전화 02) 537-1720(영업부), 537-1721(편집부), 537-1711(팩스)
이메일 epress01@naver.com | **홈페이지** www.epress1.com
등록 2009년 12월 10일 제16-2710호
기획마케팅 최용구 장만동 최충구 송대용 | **책임편집** 석기은 황가연

ISBN 979-11-91348-59-0 93320
가격 20,000원